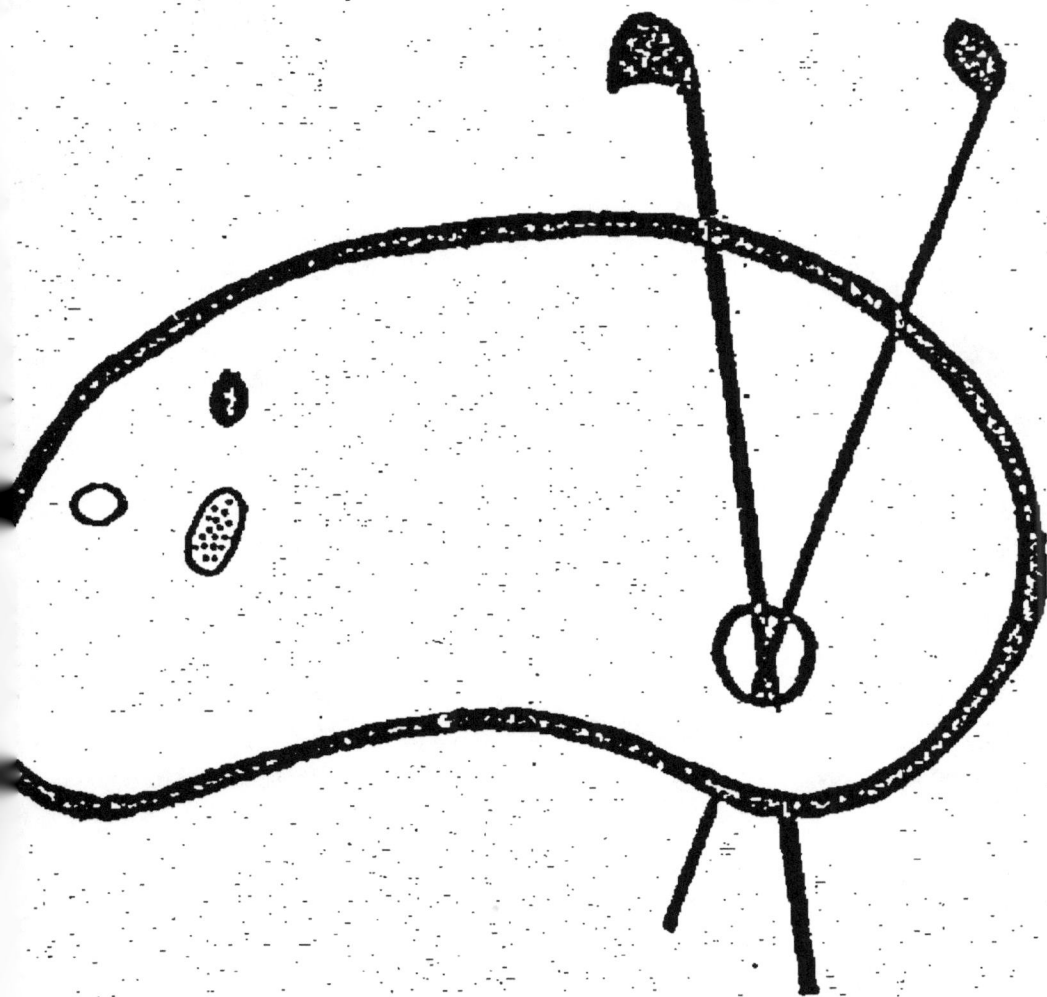

COUVERTURE SUPERIEURE ET INFERIEURE
EN COULEUR

SÉNÈQUE

DE VITA BEATA

A LA MÊME LIBRAIRIE

——

PLATON : *La République* (huitième livre); texte grec, d'après l'édition de K. Fr. Hermann, accompagné d'une notice, de notes littéraires et philosophiques et d'un appendice, par E. Maillet, docteur ès lettres, professeur de philosophie au lycée Louis-le-Grand.

PLATON : *La République* (huitième livre); traduction, d'après le texte de K. Fr. Hermann, accompagnée d'une notice et d'un appendice, par le même.

SÉNÈQUE : *De la Vie heureuse*; traduction, d'après le texte de H. Ad. Koch, accompagnée d'une notice et d'un appendice, par le même.

——

CICÉRON : *Les Lois* (livre premier); texte et traduction, d'après l'édition de A. du Mesnil (Leipsick, 1879), par le même.

SÉNÈQUE

DE VITA BEATA

TEXTE LATIN

D'APRÈS L'ÉDITION DE KOCH

Précédé d'une Notice sur la vie de Sénèque

Avec un résumé analytique de l'ouvrage

ACCOMPAGNÉ

DE NOTES LITTÉRAIRES ET PHILOSOPHIQUES

ET SUIVI D'UN APPENDICE

PAR

E. MAILLET

DOCTEUR ÈS LETTRES
PROFESSEUR DE PHILOSOPHIE AU LYCÉE LOUIS-LE-GRAND

PARIS

LIBRAIRIE CLASSIQUE EUGÈNE BELIN

Vᵉ EUGÈNE BELIN ET FILS

RUE DE VAUGIRARD, Nº 52

—

1882

Toutes mes éditions sont revêtues de ma griffe.

Eug. Belin

SAINT-CLOUD. — IMPRIMERIE Vᵉ EUG. BELIN ET FILS.

NOTICE

———

Malgré ses proportions restreintes, le *De Vita beata* est un ouvrage assez complexe, et il n'est pas facile d'en bien déterminer le caractère. On y trouve d'abord une théorie du souverain bien et du bonheur, d'après les plus purs principes de la philosophie stoïcienne, et en même temps une curieuse appréciation de la doctrine et du caractère d'Épicure; puis, sur une transition très rapide, presque insaisissable, le livre change à la fois d'allure et d'objet; il se transforme en une apologie amère et hautaine, mêlée d'attaques violentes, d'imprécations haineuses; la sérénité des premières pages y fait place au ton passionné de l'homme qui se livre sans réserve aux ardeurs de la lutte et à la défense de son honneur.

Cette apologie finale n'est-elle dans la pensée de l'auteur qu'un complément de la doctrine? N'a-t-elle pour but que d'y apporter des tempéraments nécessaires, en faisant voir comment la pratique de la vertu et le dédain du plaisir peuvent se concilier, dans l'âme d'un sage, avec la possession des richesses ou l'exercice des charges publiques? Doit-on, au contraire, y voir la partie essentielle de l'ouvrage; et les théories si absolues et si austères de la première moitié du livre n'ont-elles pour but que de donner plus de poids à la défense du philosophe, en faisant admirer l'élévation de ses vues, la hauteur de son idéal? Où se trouve, en un mot, l'unité de l'ouvrage? Est-ce dans la définition théorique du souverain bien et de la vie heureuse? Est-ce dans la détermination pratique de la juste mesure où le sage s'arrêtera, lorsqu'il lui faudra concilier avec la rigueur de ses principes les exigences d'une haute situation ou d'une grande fortune? Répondre à cette question, ce serait expliquer du même coup le sens philosophique et la portée morale du *De Vita beata*.

Il n'est pas douteux pour nous que le *De Vita beata* soit essentiellement une œuvre d'apologie imposée à Sénèque, dans les dernières années de sa vie, par les accusations de ses envieux et peut-être aussi par les doutes et les inquiétudes de sa propre conscience. Mais nous allons voir que, pour faire cette apologie, il n'a eu besoin ni de renier ses actes, ni de rejeter les principes de la philosophie stoïcienne; il lui a suffi de suivre, jusque dans ses dernières conséquences, une des théories les plus contestables sans doute, mais aussi les plus ingénieuses et les plus subtiles de son école. Cette théorie, dont nous examinerons plus loin la valeur, lui a permis de justifier sa conduite à ses propres yeux, et d'en montrer l'accord sinon avec l'esprit, du moins avec la lettre du Stoïcisme.

I

Pour nous en convaincre, rappelons d'abord les principaux événements de la vie de Sénèque, et voyons dans quelle mesure il faut accepter les accusations, souvent graves, quelquefois odieuses, qui ont été dirigées contre lui.

Sénèque naquit à Cordoue, l'an 2 ou 3 de l'ère chrétienne, 755 ou 756 de la fondation de Rome. Il eut pour père Sénèque le Rhéteur, dont on nous a conservé un recueil de *Déclamations*. Sa mère, Helvia, paraît avoir été une femme d'un grand esprit et d'un grand cœur. Toute sa famille fut, d'ailleurs, des plus distinguées : l'un de ses deux frères, Novatus, celui-là même auquel le *De Vita beata* est dédié, s'éleva par son mérite aux plus hautes dignités de l'État ; l'autre, Méla, eut la gloire de donner le jour au poète Lucain.

De bonne heure, Sénèque manifesta son goût pour la philosophie : il eut tour à tour différents maîtres qui l'initièrent aux principales doctrines de l'antiquité. Sotion lui fit connaître les principes de l'école pythagoricienne ; Démétrius le Cynique lui enseigna le mépris des richesses ; mais c'est surtout le stoïcien Attale qui exerça sur lui une grande influence et alluma dans son âme une sorte d'enthousiasme pour la pauvreté.

Toutefois, d'après les conseils de son père, Sénèque délaissa momentanément la philosophie pour l'éloquence, et demanda à des succès oratoires l'entrée de la vie publique. Déjà il avait obtenu la questure, et il était en voie d'acquérir par l'éclat de sa parole une assez grande réputation, lorsqu'il fut exposé par la haine de Caligula à de sérieux dangers. Ce prince ridicule et cruel aspirait aussi au talent de la parole ; il vit dans Sénèque un rival, et commença à se venger de lui par des traits méchants, qui ne sont pas toujours dépourvus de justesse. Ainsi il définissait l'élocution de Sénèque du mortier sans chaux, *arenam sine calce* ; et par là il raillait assez finement ces saillies soudaines, ces traits brillants, mais trop détachés les uns des autres, dans lesquels nous retrouvons, en effet, un des caractères dominants du style de Sénèque. Mais Caligula ne se borna point à des plaisanteries : ayant un jour entendu lui-même l'orateur, il prit ombrage des applaudissements qui l'accueillirent, et il songeait à le faire mettre à mort, quand une courtisane le sauva en disant au prince : « Ce n'est qu'un enfant, il n'a qu'un souffle de vie. » Pour échapper au péril qui le menaçait, Sénèque se retourna vers les études philosophiques, et c'est sans doute à cette époque qu'il composa son premier ouvrage, le *Traité de la Colère*, où l'on trouve des allusions aux violences et aux folies de Caligula.

Les commencements du règne de Claude donnèrent à Sénèque un moment de répit. C'est alors qu'il fonda une école de philosophie, et vit s'accroître sa réputation de sagesse et de vertu ; mais une nouvelle épreuve allait bientôt l'atteindre. Messaline fit peser sur lui une accusation d'adultère avec Junie, fille de Germanicus, et obtint qu'il fût exilé en Corse, où il resta sept ans. C'est là qu'il écrivit la *Consolation à Helvia*, qu'il prit le goût des questions naturelles, et qu'il composa un certain nombre des tragédies qui nous sont parvenues sous son nom.

Une révolution de palais qui renversa Messaline changea tout à coup la fortune de Sénèque. Agrippine, éclairée par le sentiment général, le rappela de l'exil et lui confia, en même temps qu'à Burrhus, l'éducation de son fils qui allait bientôt s'appeler Néron. Tacite nous explique en quelques mots le partage de fonctions qui se fit entre les deux précepteurs du jeune prince. Burrhus exerçait son influence par ses talents militaires et la sévérité de ses mœurs ; Sénèque, par ses leçons d'éloquence et par les grâces dont il parait la sagesse. A l'avènement du nouvel empereur, ses maîtres devinrent ses ministres et partagèrent la responsabilité de ses actes. Il est certain que, dès cette époque, bien que Néron n'eût point encore cessé de se contenir, Sénèque comprit la violence des passions qui s'agitaient dans l'âme du prince et se rendit compte des malheurs dont elles menaçaient l'humanité. C'est pour cela sans doute qu'il écrivit le *De Clementia*. On sent qu'il a été dominé, à chaque page de ce livre, par la préoccupation de prévenir les écarts d'une nature désordonnée et fantasque, en mettant sous les yeux de son élève le tableau des grands actes de clémence qui s'étaient produits dans les siècles antérieurs, et en lui rappelant surtout que la clémence ne doit point être un caprice passager, mais une disposition permanente de l'âme. « Je n'appelle pas clémence, dit-il à plusieurs reprises, la cruauté fatiguée. »

Malgré ces précautions et ces ménagements, la férocité de Néron devait bientôt se montrer d'une manière terrible ; son premier éclat fut le meurtre de Britannicus, crime d'autant plus odieux qu'il eut pour point de départ une cause futile, et qu'il fut prémédité froidement, pour détruire les espérances d'Agrippine et pour lui enlever tout appui. Sénèque ne fut certainement mêlé ni à la préparation ni à l'exécution de ce forfait ; mais quelques-uns de ses ennemis lui reprochèrent d'en avoir tiré profit et d'avoir accepté une part des dépouilles de la victime.

Après ce premier crime, Néron n'hésita plus à jeter le masque et de nouveaux forfaits se succédèrent rapidement. Le meurtre d'Agrippine fut perpétré avec un raffinement inouï d'hypocrisie et de cruauté. Burrhus ne tarda point à disparaître à son tour, et il est vraisemblable qu'il fut empoisonné. Dès lors, Sénèque se trouva complètement isolé dans cette cour corrompue, où il ne pouvait plus même atténuer le mal dont il était témoin ; ses ennemis se réjouissaient bruyamment de sa disgrâce et le poursuivaient de leurs accusations ; il voulut quitter la cour, se retirer dans une province lointaine, rendre à Néron les immenses richesses qu'il tenait de sa libéralité. Néron se donna le cruel plaisir de refuser cette faveur, et de maintenir celui qui était encore son ministre dans une situation fausse, inquiète et humiliée, où il gardait les apparences de l'autorité et de la faveur, tandis qu'en réalité le pouvoir n'appartenait qu'à Tigellin et aux plus indignes favoris. Pendant ce temps-là, l'empereur continuait le cours de ses forfaits : il faisait assassiner Octavie, il incendiait Rome, il se livrait à ses goûts de comédien et à ses raffinements de débauché. Enfin, la conspiration de Pison éclata. Sénèque, livré tout entier à la méditation philosophique, à la composition de ses ouvrages, ne dut pas y prendre une part vraiment active ; mais il est possible qu'il en ait eu connaissance ; il est possible même que quelques-uns des conjurés aient pensé à lui pour l'élever au rang suprême ; et ce qui donne quelque fondement à cette supposition, c'est que Sénèque se rapprocha de Rome pour être à portée des événements. Quoi qu'il en soit, les soupçons de Néron furent confirmés par des dénonciations que les tortures arrachèrent à quelques complices ; Sénèque reçut l'ordre de s'ouvrir les veines, et mourut avec le plus grand courage.

Telle fut la vie de Sénèque. On voit qu'elle a été traversée par de dures épreuves. A-t-elle été aussi déparée par de graves défaillances morales, peut-être même par de honteuses faiblesses ? Cela ne semble guère douteux. Mais il est juste de ne pas se prononcer trop vite, et d'examiner à part, en tenant compte de toutes les circonstances, chacune des accusations qui ont été formulées.

La première ne manquerait pas de gravité, mais elle est bien obscure. Les historiens ne la développent pas. Sénèque est impliqué dans l'accusation d'adultère qui entraîna la perte de Junie, fille de Germanicus. Il faut songer que l'accusatrice est Messaline ; que Sénèque jouissait déjà à cette époque d'une grande réputation de vertu ; il faut songer aussi à la jeunesse maladive du philosophe. On voit de suite que l'accusation est bien invraisemblable, et que nous sommes là en présence d'une intrigue de cour, à l'occasion de laquelle des inimitiés inconnues se sont donné carrière.

Mais, voici déjà une accusation plus précise : Sénèque, dit-on, n'a pas supporté son exil avec dignité et courage.

Il faut avouer que, si la *Consolation à Polybe* est un ouvrage authentique, Sénèque se trouve, sur ce point, absolument condamné. Il est, en effet, difficile d'imaginer un ouvrage plus indigne d'un philosophe qui a célébré tant de fois la constance et la grandeur d'âme.

Polybe, simple affranchi, mêlé, avec Narcisse, à toutes les turpitudes du règne de Claude, venait de perdre un frère; Sénèque, s'il est vraiment l'auteur de la *Consolation*, aurait profité de cet événement pour envoyer au favori une longue lettre remplie indirectement d'adulations et de flagorneries à l'adresse de l'empereur. On peut en juger par quelques citations : « Relevez votre courage, et chaque fois que les larmes viendront remplir vos yeux, arrêtez-les sur César; elles se sécheront au radieux aspect de cette puissante divinité. Éblouis de son éclat, vos regards ne pourront se porter sur nul autre objet; il les tiendra fixés sur lui seul... Voir César ou penser à lui, n'est-ce pas un adoucissement bien réel à vos maux? Puissances du ciel, prêtez-le longtemps à la terre! etc., etc. » N'est-il pas évident que l'auteur de pareilles lignes songeait moins à consoler un homme indifférent et cruel qu'à faire passer sous les yeux du maître un éloge dont il espérait son pardon? Humiliation bien inutile, d'ailleurs, puisque l'exil de Sénèque se prolongea cinq années encore.

On peut essayer, il est vrai, de supposer que la *Consolation à Polybe* n'est point de Sénèque; mais les raisons invoquées en faveur de cette opinion n'ont pas grande valeur. L'ouvrage, dit-on, n'est pas digne de Sénèque. Mais n'est-ce pas faire un cercle vicieux que d'opposer *a priori* le caractère d'un philosophe à l'authenticité d'un de ses ouvrages, quand on n'a précisément pour connaître son caractère que l'ensemble des écrits qui nous sont parvenus sous son nom?

Pour quelle raison, d'ailleurs, un faussaire aurait-il supposé cet ouvrage? On comprend la composition de livres apocryphes, quand ils correspondent à un mouvement général d'idées. Les Évangiles apocryphes ont leur point de départ dans la fermentation religieuse des premiers siècles du Christianisme. La correspondance apocryphe de Sénèque et de saint Paul s'explique par le désir de concilier la sagesse païenne avec la révélation chrétienne. Mais a-t-on beaucoup d'exemples d'un ouvrage apocryphe composé uniquement pour diffamer un homme?

La *Consolation à Helvia* suffit à nous montrer que le courage de Sénèque allait faiblir dans son épreuve. Malgré les réelles beautés de cet ouvrage, on y sent continuellement le ton d'un homme qui se raidit contre la souffrance, et cherche à s'étourdir lui-même, non moins que celle qu'il console, à l'aide de réflexions déclamatoires et factices. Il est donc vraisemblable qu'après les premiers jours d'accablement et de torpeur, Sénèque se reprit quelque temps à la vie; il essaya de charmer les tristesses de l'exil par l'observation des phénomènes naturels et par la composition de ses tragédies; mais quand il vit que l'exil se prolongeait, quand il éprouva toutes les angoisses de l'ambition déçue, il dut faiblir et essaya d'obtenir par des moyens détournés une grâce que sa fierté ne lui permettait pas encore de réclamer directement.

Sénèque manqua également de dignité personnelle et de continuité dans ses principes lorsqu'il composa l'éloge de Claude de la même plume qui venait d'écrire l'*Apokolokyntose*.

L'*Apokolokyntose* ou *transformation en citrouille* est une satire virulente et souvent grossière que Sénèque écrivit immédiatement après la mort de Claude. Une courte citation suffira pour faire comprendre les sentiments de haine qui lui dictèrent un pareil pamphlet : « Claude s'évertuait à pousser son âme au dehors, mais elle ne pouvait trouver d'issue. Alors Mercure, qui s'était toujours amusé de l'esprit de Claude, tire à part une des trois Parques, et lui dit : « Quel plaisir, femme cruelle, peux-tu prendre aux tourments de ce misérable homme? Ce n'est pas la peine de le torturer si longtemps : il y a tantôt soixante-quatre ans qu'il est en lutte avec son âme. Pourquoi lui en vouloir? Souffre que les astrologues rencontrent vrai une fois, eux qui, depuis qu'il est devenu prince, le tuent chaque année, chaque mois? Et toutefois, ce n'est pas merveille qu'ils se trompent : personne n'a jamais connu l'heure de sa naissance. Aussi bien personne n'a jamais cru qu'il fût né. Allons, fais ton office.

» Livre-le à la mort, et fais qu'un plus digne règne à sa place. »

Cette satire commençait sans doute à circuler dans Rome, lorsque Sénèque fut chargé par Néron de composer l'éloge funèbre que l'empereur devait prononcer aux obsèques de Claude. Tacite remarque à ce propos que, jusqu'à Néron, tous les maîtres de l'empire avaient su composer eux-mêmes leurs harangues; Néron, absorbé par ses goûts artistiques, en était incapable. Personne n'ignorait dans l'assistance que le discours était de Sénèque; aussi, nous dit Tacite : « Tant que Néron se contenta de vanter dans Claude l'ancienneté de sa race, les consulats et les triomphes de ses ancêtres, l'attention de l'auditoire soutint l'orateur; on se prêta même à l'entendre louer ses connaissances littéraires et rappeler que, sous son règne, la République n'avait essuyé aucun échec au dehors; mais quand il en vint à la sagesse et à la prévoyance de Claude, personne ne put s'empêcher de rire. » Ce récit n'est évidemment pas à la gloire de Sénèque; il démontre une singulière inconstance chez l'écrivain qui était capable à la fois de vilipender celui qui avait été son maître dans une satire amère et violente, et de l'exalter dans un éloge officiel.

Mais voyons maintenant Sénèque à la cour de Néron. C'est ici que les accusations dirigées contre lui prennent un singulier caractère de gravité. Pour faire la part de ce qu'elles contiennent de juste et d'exagéré, rendons-nous bien compte de la situation dans laquelle se trouvait Sénèque.

Agrippine l'avait placé à la cour de Néron, mais elle l'y avait placé dans une pensée ambitieuse; elle attendait de lui qu'il l'aiderait à dominer Néron, et à exercer la réalité du pouvoir, tandis que l'empereur n'en garderait que l'apparence. Sénèque ne se prêta point à ce rôle, et, en cela, fit strictement son devoir. On ne peut, sur ce point, lui adresser aucun reproche; car si nous connaissons les horreurs du règne de Néron, nous ne pouvons savoir ce qu'auraient été les horreurs du règne d'Agrippine.

Un épisode, raconté par Tacite, nous montre avec quelle présence d'esprit et quelle délicatesse Sénèque sut, dans ces circonstances, concilier ses devoirs de dévouement envers Néron avec ses devoirs de déférence envers Agrippine. « Un jour, dit-il, des ambassadeurs arméniens plaidaient devant Néron la cause de leur pays; Agrippine se préparait à monter sur le tribunal de l'empereur et à siéger près de lui, lorsque, bravant la crainte qui tenait les autres immobiles, Sénèque avertit le prince d'aller au devant de sa mère. Ainsi le respect filial servit de prétexte pour prévenir un déshonneur public. »

Mais, s'il eut raison de maintenir fermement les droits de l'empereur, Sénèque eut tort de favoriser ses faiblesses. Tacite nous dit qu'à ce sujet l'attitude commune des deux précepteurs de Néron fut d'abord une certaine condescendance, destinée à prévenir de trop grands écarts ; « *Juvantes invicem, quo facilius lubricam principis ætatem, si virtutem adspernaretur, voluptatibus concessis retinerent.* » Mais Sénèque dépassa ensuite singulièrement cette mesure; il trouva, dans sa propre famille, un homme qui consentit à couvrir, en servant de prête-nom, les débordements de l'empereur. Néron ayant conçu une vive passion pour une jeune affranchie nommée Acté, Sénèque décida le jeune Serenus, le même auquel il dédia le traité de la *Tranquillité de l'âme* et le traité de la *Constance du sage*, à voiler aux yeux du public cette passion du prince, « et les secrètes libéralités de Néron passèrent en public pour des présents de Serenus. » Il faut toutefois ajouter, comme circonstance atténuante, que, même en favorisant ainsi les faiblesses de Néron, Sénèque continuait à le protéger contre l'ambition de sa mère; car nous savons qu'Agrippine, pour conserver son empire sur Néron, n'hésitait point à recourir à de tels moyens, à de si honteuses séductions, qu'il faut la plume de Tacite pour les raconter.

Nous arrivons enfin à la plus grave de toutes ces accusations : Sénèque a pris part au meurtre d'Agrippine, il l'a conseillé, il en a fait l'apologie.

Sur ce double point, il est impossible non seulement de justifier, mais même d'excuser Sénèque. Quelle que soit l'indignité d'Agrippine, on ne peut que blâmer énergiquement ceux qui ont contribué, sous une forme quelconque, au meurtre d'une mère par son fils; on ne discute pas le parricide.

Mais, s'il ne doit pas être question ici de circonstances atténuantes, il est juste au moins d'indiquer exactement dans quelle mesure Sénèque a participé au crime, et de faire voir le caractère en quelque sorte passif du rôle qu'il a joué dans son accomplissement.

Or, il n'est nullement exact de prétendre qu'il l'ait conseillé. Pas un mot dans Tacite n'autorise à croire que Sénèque ait connu et à plus forte raison approuvé la résolution de Néron à l'égard de sa mère ; mais lorsque la tentative d'Anicetus eut échoué et qu'Agrippine blessée eut regagné sa maison de campagne, Néron éperdu, agité à la fois par la crainte des vengeances de sa mère et par les remords de sa conscience, appela près de lui Burrhus et Sénèque. La scène qui s'ensuivit est profondément regrettable; mais on peut croire, en lisant attentivement le récit de Tacite, que la responsabilité de Sénèque est moins grande que celle de Burrhus. En effet, Sénèque se contenta de demander si l'on pouvait donner aux soldats l'ordre d'accomplir le meurtre, et rien n'empêche d'admettre qu'en posant ainsi la question il voulût provoquer une réponse négative. Burrhus, ainsi consulté, répondit : « Les prétoriens, attachés à toute la maison des Césars, et pleins du souvenir du Germanicus, n'oseront pas armer leur bras contre leur fille. » Mais il ajouta aussitôt : « C'est Anicetus qui doit se charger d'accomplir sa promesse. » Sénèque ne répliqua rien; il entendit sans protestation le cri de joie de l'empereur s'écriant : « C'est aujourd'hui que je reçois l'empire ! » Il ne fit donc rien pour empêcher le crime; il l'autorisa de son silence. C'est dans cette mesure qu'il en doit porter la responsabilité.

En revanche, il n'est pas possible de contester que Sénèque ait fait l'apologie du meurtre. Toutefois, si l'on veut être complètement juste, il faut remarquer en même temps que cette apologie est moins une justification au point de vue moral qu'une explication au point de vue politique. Des nécessités de ce genre se sont quelquefois rencontrées dans la carrière des hommes d'État; ils ont eu quelquefois, dans un intérêt d'ordre public, de stabilité sociale, à expliquer des faits qu'ils n'approuvaient pas nécessairement, et à rétablir les circonstances politiques au milieu desquelles ces faits s'étaient produits. C'est à ce point de vue qu'il faut se placer pour comprendre la lettre

rédigée par. Sénèque. Sans doute, cette lettre est toujours des
plus condamnables, puisque les accusations les plus perfides,
les calomnies les plus insoutenables y sont accueillies avec une
singulière mauvaise foi : mais, en même temps, elle nous rend
compte de l'antagonisme irrémédiable qui s'était établi entre
Agrippine et Néron ; et elle nous fait comprendre (ce qui résulte d'ailleurs de tout le récit de Tacite) que, si Néron n'avait
pas accompli son forfait, Agrippine n'eût reculé devant rien,
pas même devant le meurtre de son fils, pour assurer son pouvoir ; car l'ambition étouffait dans le cœur de cette femme tout
autre sentiment.

Reste l'accusation relative aux richesses. Tacite la développe
surtout à l'occasion du procès de Suilius. Voici quelques traits
de cette accusation : Sénèque, en quatre ans de faveur, avait
entassé trois cents millions de sesterces ; il épuisait, à force d'u-
sures, l'Italie et les provinces ; il captait les testaments ; il attirait dans ses pièges les vieillards sans héritiers.

Cette accusation s'est reproduite tant de fois, sous tant de
formes diverses, qu'il est impossible de la rejeter d'une manière
absolue. Sénèque n'a pas été seulement un des hommes les plus
opulents de son époque ; nous avons des raisons de croire qu'en
effet il a poursuivi avec une âpreté singulière le développement
indéfini de sa fortune. C'est un fait à peu près indiscutable.
Mais là encore, à côté de l'accusation, il faut placer, si l'on veut
être impartial, les circonstances atténuantes.

D'abord, toutes les richesses de Sénèque ne lui sont pas ve-
nues des libéralités de Néron ; nous tenons de diverses sources
que son père lui avait déjà laissé une fortune considérable.

Ensuite, il n'est pas certain que les richesses ajoutées par
Sénèque au patrimoine paternel aient été acquises par les complaisances coupables et les artifices honteux que lui attribuent
légèrement quelques historiens, et surtout Dion Cassius. Quelles
qu'aient été les faiblesses de Sénèque, il mérite bien encore que
l'on tienne compte de ses affirmations les plus précises, de ses
protestations les plus formelles. Ses ennemis l'accusent d'avoir
reçu sa part des dépouilles de Germanicus et de s'être livré d'une
manière scandaleuse à la captation et à l'usure. Comment, s'il
en était ainsi, aurait-il pu écrire dans le *De Vita beata* :
« Oui, le philosophe pourra avoir de grandes richesses, mais
qui ne seront ni enlevées à personne, ni souillées du sang
d'autrui. Il les aura acquises sans porter tort à qui que ce soit,
sans se livrer à de honteux profits. Elles sortiront honnêtement
de chez lui, comme elles y seront entrées honnêtement ; et personne n'aura à en gémir, si ce n'est l'envieux » ? Certaines accusations se réfutent par leur excès même.

Enfin, il n'est pas douteux que Sénèque ait fait généralement
un bon emploi de sa fortune ; sans doute, il ne faut pas attendre

de lui les ardeurs, les sublimes excès de la charité chrétienne ; mais il a pratiqué d'une manière large, quelquefois délicate, la libéralité, telle que la comprenaient les anciens.

Qu'on tienne équitablement compte de toutes choses, et l'on s'apercevra que Sénèque ne doit être placé ni trop haut ni trop bas dans notre estime. Avant même d'insister, comme nous le ferons tout à l'heure, sur l'analyse de son caractère, nous voyons clairement que les fautes de Sénèque proviennent surtout du milieu social où il eut le malheur de vivre ; son âme, naturellement droite, généreuse, ardente au bien, a été entravée dans son développement moral par le spectacle de tant de corruptions, de violences et de turpitudes; elle a été comme écrasée par la grandeur tragique des événements qui se sont déroulés autour d'elle, et qui ont fait de cette époque la plus sombre de l'histoire.

M. Martha, dans son beau livre : *les Moralistes sous l'Empire romain*, a parfaitement décrit cette fatalité qui a pesé sur la vie entière de Sénèque, et qui, sans nous donner le droit de l'absoudre entièrement, nous permet au moins de le plaindre : « Quel philosophe, dit-il, fut jamais soumis à de si délicates épreuves, mêlé à de si terribles conflits, et fut plus excusable de n'avoir pas conservé toute la fermeté de son jugement? S'il est encore permis de parler, selon l'antique usage, des jeux cruels de la Fortune, ne paraît-elle pas avoir pris plaisir à déconcerter la sagesse du philosophe, à le désarmer même de son courage? Elle lui ouvrit le chemin des honneurs et de la puissance, en offrant à sa vertu la tentation honorable d'élever, pour le bonheur du monde, un jeune prince de belle espérance; elle l'enchaîna à ce devoir par l'honneur, la reconnaissance, le sentiment du bien public ; puis, quand elle l'eut attaché à ces grandeurs par les liens les plus difficiles à rompre, elle dévoila peu à peu l'effrayant caractère de ce royal élève ; elle fit au précepteur devenu ministre une obligation civique de ne pas abandonner le souverain à ses sauvages emportements ; elle obscurcit et voila la conscience du sage en le plaçant entre des devoirs divers, imposés d'un côté au philosophe, de l'autre au politique, et par l'espoir qu'elle lui laissa longtemps de vaincre une nature indomptable; en ménageant toujours des excuses plus ou moins plausibles à la faiblesse, elle entraîna sa prudence d'abord à des concessions permises, ensuite à des complaisances coupables ; enfin, quand elle eut ainsi compromis sa vertu, entaché sa renommée, elle le força de demeurer malgré lui au faîte de ces grandeurs qui faisaient son supplice, lui infligeant toutes les angoisses d'une disgrâce, sans lui en laisser les consolations, lui refusant à la fois la ressource de fuir dans la retraite, l'espérance de vivre, l'occasion de mourir utilement, et le réduisant à la triste nécessité d'attendre de jour en jour son arrêt de mort, et de perdre même la gloire qu'il eût obtenue par un moins tardif trépas. »

II

Exposé par la faiblesse de son caractère à de très regrettables défaillances, comment Sénèque a-t-il pu s'attacher au Stoïcisme, c'est-à-dire à l'école de philosophie qui prêche la morale la plus austère et qui exige de ses disciples la perfection la plus continue ? Avant de l'expliquer par les contradictions de l'âme de Sénèque, on peut, croyons-nous, en chercher aussi la raison dans quelques contradictions du Stoïcisme lui-même.

On n'est guère habitué à cette idée qu'il puisse y avoir dans le Stoïcisme, sinon des contradictions proprement dites, au moins des solutions de continuité et des incohérences. Au premier abord, en effet, quelle harmonie dans cette doctrine ! quelle admirable unité de toutes les parties dont elle se compose ! Une seule idée, celle de la *tension*, circule à travers le système entier et en relie fortement les diverses théories, logiques, physiques, morales. En logique, c'est la tension de la pensée, c'est l'énergie de l'assentiment qui détermine les divers degrés de la vérité et de la science. En physique, c'est la tension du feu organisateur, de l'éther plastique, qui maintient partout dans la nature l'unité, l'ordre et la vie. De même, et à plus forte raison, en morale : c'est la tension de la volonté, immuable en ses résolutions, qui fait la sagesse et la vertu. Le sage est semblable, dans l'unité inflexible de sa vie morale, au principe divin qui anime la nature. Également inaccessible aux séductions du plaisir et aux atteintes de la douleur, il ne se laisse détourner de la droite voie ni par l'espérance ni par la crainte. Sa vie est pour lui un fragment du grand poème de l'univers : il ne s'inquiète pas de savoir si elle est heureuse ou malheureuse, il sait seulement qu'elle est nécessaire à l'unité du Tout, à l'ordre universel dont elle fait partie intégrante ; par suite, il se résigne à toutes les épreuves, ou plutôt il les accepte avec joie, aimant et voulant tout ce que veut l'éternelle Nature, et, dans les plus dures adversités, il conserve la sérénité de l'âme, « il dispute de la félicité avec les dieux. »

Toutefois, cette unité de la doctrine est plus apparente que réelle ; au fond, il y a dans la philosophie morale des Stoïciens deux grandes théories parfaitement distinctes : l'une métaphysique, l'autre psychologique ; l'une appuyée sur une conception *a priori*, l'autre sur l'étude expérimentale de la nature humaine ; ces deux conceptions se développent concurremment au sein du Stoïcisme ; elles tendent sans cesse à se rapprocher et à se fondre, mais la conciliation définitive ne se fait pas ; ébauchée par quelques Stoïciens, elle est sacrifiée par d'autres; et une regrettable contradiction subsiste à la base du système.

La première de ces théories essentielles dont se compose la doctrine morale du Stoïcisme, c'est celle du devoir. On sait qu'elle a été reprise par Kant; et il y a un très grand intérêt à rapprocher, sur une question si importante, deux philosophies qui ont leur principe dans une même inspiration morale, bien qu'elles soient séparées l'une de l'autre par un intervalle de vingt siècles.

L'incomparable grandeur de la doctrine morale de Kant consiste à avoir mis en pleine lumière le caractère absolu, la nature inconditionnelle du devoir. C'est là, d'ailleurs, ce qui donne un caractère si profondément original au système entier du philosophe de Kœnigsberg. Kant a fait reposer sur cette notion du devoir la philosophie tout entière. Ce quelque chose de ferme et d'inébranlable, *firmum quid atque inconcussum*, que tous les autres philosophes ont cherché, et que l'un a placé dans la conscience, l'autre dans la sensation, l'autre dans l'effort, Kant l'a cherché aussi et l'a trouvé dans la loi morale. C'est le devoir qui est le vrai fond, la vraie substance des choses; c'est jusqu'au devoir qu'il faut creuser pour atteindre enfin la dernière assise sur laquelle tout repose. Les autres choses ne nous sont connues qu'à travers les formes purement subjectives, et sans doute illusoires, de la sensibilité et de l'entendement; seule, la loi morale est l'objet d'une certitude immédiate, absolue; seule, elle ne suppose rien au-dessus d'elle et se suffit à elle-même.

Par conséquent, le devoir ne saurait être mis en balance avec les divers mobiles auxquels se rapportent quelquefois nos actions; aucun d'eux ne peut se maintenir en face du devoir; l'intérêt, en particulier, n'a aucun droit à lui disputer l'empire de nos volontés. On connaît les traits principaux du parallèle que Kant a établi entre eux. L'intérêt conseille, le devoir ordonne. L'intérêt pousse l'homme à n'agir qu'après avoir considéré toutes les circonstances de son acte, et en avoir calculé toutes les conséquences, même les plus lointaines; la ligne de conduite qu'il nous trace est subordonnée à de nombreuses exceptions; elle varie d'un individu à un autre, elle se modifie continuellement chez le même individu; en un mot, l'intérêt n'est que *l'impératif hypothétique*. Le devoir, au contraire, nous commande d'agir indépendamment des conditions particulières dans lesquelles nous pouvons nous trouver; il ne consulte pas nos convenances; il ne tient pas compte de l'heure et du lieu; ce qu'il nous ordonne de faire, il nous l'impose inconditionnellement, et il l'impose en même temps à tous; c'est *l'impératif catégorique*.

Cette conception de l'absolu du devoir, les Stoïciens l'avaient déjà énoncée, d'une manière moins savante et moins profonde peut-être, mais avec une égale énergie. Sans employer la formule de Kant, ils admettaient évidemment, comme lui, que l'essence de la moralité réside non dans la *matière* des actions, mais dans leur *forme*, c'est-à-dire dans l'intention qui y préside, dans la tension de la volonté qui les accomplit, comme de la réflexion qui les conçoit. Ce qui fait pour eux la valeur et le mérite de l'acte, ce n'est pas sa convenance, c'est-à-dire sa relation pratique avec telle ou telle fin que nous désirons atteindre ; c'est l'inspiration dont il émane, c'est la disposition de l'âme qui lui a donné naissance, c'est la résolution d'obéir au devoir, uniquement parce qu'il est le devoir, c'est la volonté d'imiter Dieu.

Ainsi le devoir, la vertu, la sagesse ont seuls un caractère absolu ; toutes les autres choses sont relatives, et, par conséquent, ne peuvent être mises en opposition ni même en parallèle avec le devoir, dont elles sont toujours séparées par une distance infinie. Les plaisirs, les richesses, les honneurs, la santé même et la force ne conservent en face de lui aucune valeur ; ils s'évanouissent et se perdent en lui, comme l'éclat d'une bougie dans la splendeur du soleil. Non seulement toutes ces choses sont infiniment petites en présence du devoir ; mais elles ne peuvent même faire corps avec lui pour composer le bien suprême. Le bien ne saurait les admettre dans son sein ; il compromettrait par là sa pureté, il perdrait son essence ; le bien n'est pas un alliage de vertu et de plaisir, d'obéissance au devoir et de satisfaction de l'intérêt; il se peut que le plaisir et l'intérêt l'accompagnent parfois accidentellement, ils n'en font pas partie.

Voilà ce que les Stoïciens ont été les premiers à démontrer, et ce que les grands philosophes qui les ont précédés n'avaient pas vu clairement. En effet, Socrate et Platon admettaient bien, à certains égards, que la vertu a un caractère infini; mais on peut ajouter qu'ils détruisaient aussitôt cette vérité en identifiant la vertu avec le bonheur; ils lui enlevaient son caractère absolu en la mêlant étroitement à une chose relative. D'autre part, Aristote, dans sa *Morale*, considère sans doute la vertu comme le bien par excellence, comme l'élément essentiel du bonheur ; mais il veut en même temps que d'autres choses, la santé, le plaisir, la richesse même, s'y unissent pour constituer la plénitude du bonheur, l'actualité parfaite de la nature humaine. Par là, il réduit la vertu à n'être qu'une quantité à laquelle d'autres quantités s'ajoutent pour former un total ; il ne la considère pas comme se suffisant à elle-même, et, par conséquent, il lui enlève aussi son caractère absolu. D'après les Stoïciens, au contraire, le bien de la vertu est d'un ordre infiniment supérieur à tous les autres biens ; il n'est pas susceptible d'accroissement, de diminution, de variation; il n'a pas besoin de se mêler à d'autres biens et de se fondre dans un tout ; il se suffit à lui-même et repousse tout ce qui lui est étranger.

Nous retrouvons donc dans cette doctrine, commune aux Stoïciens et à Kant, une pensée analogue à celle que Pascal soutient lorsqu'il élève l'ordre des esprits à une hauteur infinie au-dessus de l'ordre des corps, et l'ordre de la charité à une hauteur infiniment infinie au-dessus de l'ordre des esprits. De même que, pour Pascal, toutes les grandeurs charnelles et toutes les grandeurs spirituelles ne valent pas un mouvement de vraie charité; de même, pour Kant et pour les Stoïciens, il n'y a pas de commune mesure entre les biens extérieurs et la vertu; le devoir, lui aussi « est d'un autre ordre, surnaturel. »

Mais, à côté de cette théorie du devoir, les Stoïciens en ont une autre qui, pour n'être pas aussi connue, n'est ni moins importante ni moins profonde. Nous voulons parler de leur théorie sur la *constitution* de la nature humaine et sur l'instinct.

Elle peut se résumer ainsi : La nature a mis dans tout être vivant, et particulièrement dans l'homme, une conscience plus ou moins nette et un amour inné de sa *constitution*, c'est-à-dire de cet ensemble de parties et de facultés physiques ou morales dont il est composé. Par suite, elle l'incline à se porter immédiatement, non pas vers le plaisir (car le plaisir n'est qu'une chose subordonnée, un simple signe d'un bien qui lui est supérieur), mais vers le développement de ces facultés, vers la pleine expansion et le parfait équilibre de ces parties. Cette disposition que la nature a mise en nous est le principe de nos divers instincts, que le plaisir accompagne sans doute, et dont il est la manifestation extérieure, mais qu'il ne constitue pas; car ces instincts tendent vers leurs fins avant même de les connaître, et, lorsque la réflexion se développe en nous, elle ne fait que confirmer et affermir l'impulsion première de la nature. La raison, en s'ajoutant à la spontanéité, l'éclaire, mais ne la contredit pas. Ainsi, il y a dans le Stoïcisme une théorie profonde de l'instinct, dont il faut lui faire grand honneur, et une conception très nette de toute cette partie de notre nature qui est si étudiée aujourd'hui sous ce nom : l'Inconscient.

Telles sont les deux parties essentielles dont se compose la doctrine des Stoïciens sur l'organisation et la destinée de l'homme. En les considérant avec attention, on découvre qu'elles ne sont pas absolument inconciliables et qu'elles peuvent, qu'elles doivent même entrer ensemble dans un vaste système.

En effet, étant donnée la complexité de la nature humaine, qui est à la fois esprit et matière, ou plutôt encore raison et instinct, l'analyse du souverain bien de l'homme nous montre qu'il y a en lui un élément idéal et un élément réel, et qu'il faut les unir intimement l'un à l'autre. Considéré au point de vue idéal, le bien est la soumission au devoir, qui lui-même est tout ensemble conformité à la raison et imitation de Dieu ; considéré au point de vue réel, le bien est le développement régulier et harmonieux de nos tendances naturelles, c'est-à-dire la satisfaction modérée de nos instincts, légitimés à nos propres yeux non par le plaisir qui s'y mêle, mais par la fin à laquelle ils se rapportent. En conséquence, c'est dans l'accomplissement de ce que les Stoïciens appellent les *fonctions* que réside la substance de la moralité, le corps de la vertu. Ainsi, le soin de notre santé dans les limites que nous imposent la tempérance et la dignité personnelle, l'administration libérale de notre fortune, la culture des sympathies naturelles qui nous unissent à nos semblables et qui servent de base à l'organisation de la société, tout cela fait partie du souverain bien de l'homme, parce que tout cela fait d'abord partie de la *constitution* humaine. La vie conforme au bien, la vie vertueuse est à la fois obéissance à la raison et obéissance à la nature ; c'est la confirmation de l'instinct et de la spontanéité par la réflexion et la sagesse. Sans doute, l'intention droite et pure reste le fond même du devoir ; mais qu'est-ce que l'intention, sans un but vers lequel on tend ? Qu'est-ce que l'énergie de la volonté et de l'effort sans un acte ou un système d'actes sur lesquels ils se concentrent ? Pour qui ne veut pas le considérer d'une manière tout abstraite, le devoir est chose complexe ; il est âme et il est corps ; il est à la fois idéal et réalité, et, à tout prendre, sa *matière* est, à certains égards, inséparable de sa forme.

Voilà comment on peut maintenir étroitement unies l'une à l'autre les deux thèses fondamentales du Stoïcisme. En le faisant, on aboutit logiquement à une doctrine morale tout aussi profonde, mais plus large et plus vraie que celle de Kant. En effet, le philosophe allemand, dans son désir d'élever au-dessus de toute contestation le caractère obligatoire de la loi morale, se prononce peut-être d'une manière trop exclusive pour le système qui met aux prises l'un avec l'autre le devoir et la nature, et d'après lequel la perfection de l'homme consiste à lutter contre l'instinct et à renoncer absolument au bonheur, en combattant la plupart des tendances d'où le bonheur résulte. Si, au contraire, on se place au point de vue de la conception générale des Stoïciens, et spécialement de leur théorie si originale des *fonctions*, on trouve moyen d'unir ce qu'il y a d'absolu dans le devoir avec ce qu'il y a de relatif dans le gouvernement de la vie humaine ; et l'on arrive ainsi à montrer que la vertu, en même temps qu'elle est la tension continue de la volonté, est aussi le maintien et l'achèvement de notre *constitution*, d'après les lois que la nature a instituées.

Alors aussi le célèbre précepte : Suivre la nature, apparaît dans toute sa vérité profonde et complexe ; car, l'homme étant, par dessus tout, un être raisonnable, il est clair que, pour lui, suivre la nature est d'abord s'attacher à la raison et apprendre d'elle le véritable prix des choses; mais, puisque l'homme est aussi un être que sa *constitution* destine à l'accomplissement de certaines fins, individuelles et sociales, suivre la nature est également pour lui écouter la voix de l'instinct, sans se laisser égarer par la séduction du plaisir, et réaliser les diverses fins que ses facultés lui assignent.

C'est bien là, d'ailleurs, la tendance première et la vraie direction du Stoïcisme; c'est à cette idée complexe du souverain bien et de la vertu que les Stoïciens aboutiraient, s'ils restaient jusqu'au bout fidèles aux principes essentiels de leur philosophie; ils rattacheraient intimement l'une à l'autre, dans leur morale, les deux parties de la vie vertueuse, comme ils ont intimement uni, dans leur physique, l'âme et le corps de l'homme, l'âme et le corps du Monde. Est-ce à dire qu'ils ne le fassent jamais? Loin de là. Une des idées qui leur sont le plus familières, et qui se rencontrent maintes fois dans les écrits de Sénèque, en particulier dans le *De Vita beata*, c'est celle d'une disposition que l'âme introduit dans les choses, partout où son action s'exerce; d'une *économie*, d'une administration qu'elle étend non seulement sur elle-même, mais encore sur son corps, ainsi que sur les biens extérieurs, dont elle se sert pour réaliser autour d'elle une image sensible de sa perfection et de sa sagesse. Mais, si les Stoïciens développent souvent cette idée, essentiellement conforme aux principes généraux de leur doctrine, il faut ajouter qu'ils n'y persévèrent pas, et l'un des faits les plus curieux que l'on puisse signaler dans l'évolution de leur doctrine, c'est la singulière déviation par laquelle ils s'en écartent.

Leur conception *à priori* du devoir absolu, de la perfection idéale et inaccessible finit par prendre dans leur système une place tellement prépondérante que, bientôt, tout ce qui n'est pas la perfection et la sagesse est exclu de leur concept du souverain bien et se trouve rejeté à un rang infime, à une distance infinie. Après avoir présenté d'abord les instincts comme l'expression légitime du développement spontané de notre être et les avoir appelés les principes de la nature, *initia naturæ*, ils les relèguent tout à coup à un rang secondaire, et ne leur assignent plus d'autre rôle que de préparer en nous le règne de la raison. Ils les réduisent à donner simplement à l'âme l'excitation dont elle a besoin pour s'élever ensuite, par son activité réfléchie, jusqu'au bien unique devant lequel tous les autres s'effacent, la perfection intérieure, la vertu, la sagesse. A mesure, disent-ils, que l'homme se développe par l'accomplissement des actes que ses instincts lui suggèrent, il découvre peu à peu une finalité supérieure, un idéal de perfection morale, qu'il appelle la *raison*, et qui lui apparaît comme sa véritable ou plutôt comme sa seule nature. Il comprend alors que les impulsions premières de l'instinct se rapportaient confusément à cette raison encore cachée ; qu'elles avaient pour but de l'amener par degrés jusqu'à elle, de lui en inspirer le pressentiment et l'amour ; mais qu'une fois la raison pleinement révélée, ces mêmes instincts doivent disparaître devant elle et lui laisser sans partage l'empire de l'âme. Dès lors, il s'attache exclusivement à la raison, il voit en elle son seul bien, et le précepte : Suivre la nature, ne signifie plus pour lui que suivre la raison.

C'est cette pensée très ingénieuse que Cicéron exprime, au IIIe livre de *De Finibus*, lorsqu'il met dans la bouche de Caton les paroles suivantes : « Les principes de la nature sont la source de tous les devoirs ; ils sont aussi le point de départ de la sagesse. Mais, de même que, parfois, une personne recommandée à quelqu'un finit par avoir plus d'affection pour l'homme à qui elle a été recommandée que pour celui qui a fait la recommandation, il n'est pas étonnant que, recommandés d'abord à la sagesse par les principes de la nature, nous en venions à préférer la sagesse elle-même à ces principes qui nous ont conduits vers elle. »

Mais les Stoïciens ne veulent pas qu'on s'arrête là. Ils entendent qu'après nous être élevés de l'instinct à la raison dans les limites de la nature humaine, nous nous élevions encore de la raison dans l'homme à la raison universelle, et de la perfection de l'âme à la perfection du Tout. Alors seulement nous pouvons comprendre que notre bien se confond avec le bien de l'univers entier, et qu'en nous attachant à la perfection morale, nous réalisons la volonté divine. Dès lors, suivre la nature équivaut pour nous à suivre et à imiter Dieu.

Maintenant, lorsque, grâce à ces méditations sur le vrai bien de notre nature, nous sommes parvenus à de telles hauteurs, pouvons-nous encore considérer comme des biens les choses qui, dans la vie première de l'instinct, nous apparaissaient comme bonnes à cause de leur rapport avec notre constitution, c'est-à-dire la richesse, la force, la santé ? Et, quand nous sommes avertis que ces choses sont seulement des *moyens*, pouvons-nous leur conserver quelque part d'une estime et d'un amour qui ne sont dus qu'à la *fin* seule ? les Stoïciens ne le pensent pas ; et, pour empêcher toute confusion entre des choses si éloignées les unes des autres, ils appliquent aux biens corporels et aux avantages extérieurs le nom de *choses indifférentes*. Mais, en les appelant ainsi, ils perdent de vue que des avantages liés au bien par un rapport tellement intime, tellement substantiel, que, sans eux, le bien ne se réaliserait pas et resterait à jamais un pur idéal, méritent, à cause de cela seul, d'être appelés aussi des biens. Par suite, ils séparent arbitrairement ce qu'ils avaient d'abord intimement uni, et, après avoir établi un lien en quelque sorte organique entre la *forme* et la *matière* du bien, ils creusent tout à coup entre elles un véritable abîme.

De là résultent les paradoxes les plus étranges du Stoïcisme.

La sagesse est la seule chose qui mérite d'être appelée un bien ; mais, en revanche, comme elle est le bien absolu, indivisible, indéfectible, le bien qui ne peut admettre aucun mélange de mal, elle en partage tous les caractères.

Par conséquent, le sage est souverainement heureux, même dans les souffrances et les supplices ; il est riche, même dans la plus extrême pauvreté ; il est libre, même dans les fers.

La sagesse est partout et toujours égale à elle-même, car elle consiste dans l'impassibilité et la tension continue de l'âme ; par suite, toutes les vertus, qui ne sont que des formes diverses de cette tension, sont égales les unes aux autres ; elles sont, de plus, inséparables, et qui en possède une les possède toutes.

Mais, d'autre part, comme il n'y a pas de mesure commune entre l'infini et le fini, entre l'absolu et le relatif, tout ce qui n'est pas la sagesse en est à une distance infinie ; l'homme qui tend vers la vertu, mais n'y a pas encore atteint, en reste aussi éloigné que s'il était encore livré aux vices les plus honteux. Ainsi l'homme qui se noie n'est pas moins empêché de respirer à quelques pieds sous l'eau qu'au plus profond de la mer ; ainsi le petit chien dont les yeux vont bientôt s'ouvrir n'est pas moins éloigné de voir le jour qu'au moment où il vient de naître.

Les Stoïciens placent donc l'idéal de la vie humaine à une telle hauteur, que personne ne s'y est élevé, pas même Zénon, pas même Socrate ; en même temps ils découragent, par la suppression des degrés de la vie vertueuse, ceux qui voudraient s'élever au bien, sans être immédiatement capables de grandes résolutions. De cette double erreur résulte une conséquence nécessaire, qui est, d'ailleurs, favorisée par la doctrine qu'ils adoptent sur le libre arbitre : c'est que, malgré le caractère en apparence tout dynamique de leur morale, ils font passer la vertu de la sphère de l'action dans celle de la contemplation. Leur philosophie a beau être fondée sur la notion de l'effort, ils ont beau prendre pour devise : *In actu mori*, l'effort pratique vers la vertu se transforme fatalement pour eux en un effort tout théorique, en une intention tout idéale, qui peut facilement se concilier, dans la vie réelle, avec un grand nombre de négligences et de compromissions. Comment n'en serait-il pas ainsi ? D'après les Stoïciens, tout est déterminé dans la nature ; la puissance divine, à la fois Providence et Destin, a tout réglé d'une manière parfaite, mais aussi d'une manière nécessaire ; la liberté humaine ne peut ni ne doit rien faire contre les décrets de la divinité; en leur résistant, elle se briserait contre un mur d'airain. Par conséquent, cette liberté est tout intérieure, toute subjective; elle consiste à vouloir le bien, par la continuité de la pensée, par la fixité de la méditation, plutôt que par l'intensité d'un effort vraiment pratique. Et il en résulte que si, dans sa lutte contre les passions, lutte qu'il se représente comme réelle, mais qui, au fond, n'est qu'idéale, le sage est vaincu et succombe, il ne s'en croit pas moins un sage, puisqu'il a les yeux continuellement fixés sur la sagesse; il attribue sa défaillance aux nécessités du déterminisme naturel; sa sérénité, sa confiance en lui-même et quelquefois son orgueil n'en sont point altérés.

Voici encore une autre raison pour laquelle le Stoïcisme est condamné, dans la pratique, à atténuer les principes qu'il a posés et même à les contredire.

Si la vertu seule est un bien, et si, par son caractère absolu, elle est entièrement séparée de toutes les autres choses; si elle n'a besoin d'aucun accroissement; si elle se suffit à elle-même; il en résulte non seulement que l'homme ne doit point rechercher le plaisir, ni même le bonheur, en dehors de la vertu, mais encore qu'il ne doit point compter sur le bonheur à titre de récompense promise à la vertu. Ainsi donc, fût-il soumis aux plus rudes épreuves, il ne peut, sans faiblir, placer son espérance ou sa consolation dans les perspectives d'une vie future.

C'est là demander à notre nature plus qu'elle n'est capable de donner, et il est toujours dangereux de le faire; après une exaltation momentanée, il se produit d'étranges réactions, et ceux qui ont voulu s'élever jusqu'à une perfection inaccessible retombent plus bas que les autres, lorsque les ressorts trop continuellement tendus de leur volonté se relâchent tout à coup.

Prétendre que l'homme renonce au bonheur, non seulement dans la vie actuelle, mais encore dans une vie à venir, c'est méconnaître les justes limites dans lesquelles doit se renfermer notre résignation. En effet, si la raison nous enseigne que le bien doit être aimé pour lui-même et pratiqué d'une manière désintéressée, d'autre part, un instinct plus puissant encore, et qui, sans doute, enveloppe en lui une raison supérieure, nous force a affirmer que notre destination dernière est le bonheur. Et il faut que cela soit : car l'homme est essentiellement une personne; il ne peut concevoir le bien parfait que sous une forme qui satisfasse sa conscience, et il est invinciblement persuadé que *le bien en soi* est destiné à devenir un jour ou l'autre *le bien pour lui.*

Le Stoïcisme, en refusant toute satisfaction à ces tendances innées, et en mutilant notre nature, nous pousse à retrouver par des faux-fuyants ce que nos instincts réclament impérieusement. La tendance au bonheur, violemment comprimée, finit par retrouver ses droits; et, ainsi, les Stoïciens (quelques-uns du moins), après avoir éliminé le plaisir, la richesse et les autres satisfactions sensibles en tant que *biens*, se voient forcés de les rétablir sous la forme détournée de *choses préférables*. Par là se trouve justifié, à certains égards, le reproche que Cicéron leur adresse continuellement ; ils changent les noms, ils sont impuissants à changer le fond même des choses. Comme les autres hommes, ils assignent un prix, ils reconnaissent une valeur aux objets de nos inclinations naturelles, et, sous cette réserve qu'ils refusent obstinément de les appeler des biens, ils les poursuivent quelquefois avec autant d'ardeur et d'impétuosité que le vulgaire.

Encore apportent-ils quelques tempéraments à ce refus de les appeler des biens. Ils l'adoucissent dans la pratique. Quand ils ont maintenu théoriquement ce principe que la vertu seule est un bien, ils se résignent dans les circonstances ordinaires à parler comme tout le monde. « Dans l'usage de la vie, dit M. Ravaisson, ils s'accommodent au langage ordinaire, en donnant aux choses préférables le nom de biens, et à leurs contraires le nom de maux. Rien ne les empêche de suivre en public l'opinion commune qu'en leur for intérieur ils ne partagent point. Le sage même, tout en re.... t fidèle à sa pensée, le sage ne fera pas difficulté de parler et d'agir comme le vulgaire ignorant et insensé. Ce n'est point mensonge; c'est accommodement nécessaire aux conditions de notre existence ; c'est cette même *économie* par laquelle Dieu s'abaisse de sa perfection essentielle à des formes inférieures d'existence. Bien plus, le sage serait insensé de ne pas rechercher, comme si c'étaient des biens, la vie, la santé, la richesse. Pour un talent, disait Chrysippe, le sage donnera trois fois de la tête en terre, s'il le faut. »

C'est bien là, en effet, le péril auquel le Stoïcisme est loin d'avoir toujours échappé. Incapable de maintenir à des hauteurs chimériques la volonté humaine, toujours faible par quelque endroit, il s'est trouvé exposé à admettre trop souvent, dans la pratique, des contradictions ou des compromis. Ainsi, la morale stoïcienne reste souvent une morale de prédication et d'apparat, et ceux-là mêmes qui la recommandent le plus par leurs préceptes, ne se préoccupent pas toujours assez de la confirmer par leurs exemples. Il leur semble que les faiblesses de la nature humaine sont comme en dehors de la volonté du sage, et que, pourvu qu'il maintienne sa pensée dans les régions de l'idéal, les fautes auxquelles peut se laisser entraîner la partie inférieure de son être ne l'atteignent pas ; les souillures même de son corps ne rejaillissent pas jusqu'à lui.

III

Telle est, à notre avis, la contradiction cachée qui a permis au Stoïcisme d'accueillir dans son sein, à côté des caractères les plus héroïques de l'antiquité, à côté d'hommes absolument incorruptibles, comme les Caton et les Epictète, des âmes moins fermes, moins entières, capables de beaucoup aimer et de bien décrire la perfection morale, mais non pas de la réaliser pleinement par un énergique effort ; c'est dans cette catégorie qu'il faut placer l'âme de Sénèque.

Le génie de Sénèque est toujours resté essentiellement oratoire. Contemporain des Hortensius et des Cicéron, il se fût, sans doute, consacré tout entier, comme eux, à l'éloquence du barreau et à celle de la tribune ; mais les temps n'étaient plus favorables, et nous savons comment sa carrière oratoire fut presque aussitôt interrompue qu'inaugurée. Dès lors il se tourna du côté des études philosophiques, mais il y apporta les qualités et les défauts de son tempérament personnel. L'emphase et la subtilité naturelles de son esprit le disposaient à developper surtout ces grandes thèses morales du Stoïcisme, qui étaient plus brillantes que profondes, plus pompeuses qu'utiles, et dont la nouveauté résidait plutôt dans les formules que dans le fond même des choses. Les animer du feu de son éloquence, prodiguer à leur sujet la vivacité des saillies, le luxe des images, et, par elles, s'imposer à l'attention de ses contemporains comme il l'eût fait par un plaidoyer ou par un discours politique, tel est le but qu'il se proposa. Quintilien a dit de lui : *In philosophia parum diligens.* Ce qui le préoccupe, en effet, ce n'est pas précisément la vérité philosophique ; ce n'est pas, au moins, l'exactitude rigoureuse des doctrines ou des termes, l'interprétation approfondie de la pensée, c'est l'éclat. Il veut étonner, il veut frapper ; et il se soucie moins d'agir efficacement sur les volontés que d'éblouir et de subjuguer les esprits.

Il suffit, pour s'en convaincre, d'examiner rapidement quelques écrits moraux de Sénèque. On s'aperçoit que l'objet de ces écrits est presque toujours le développement paradoxal, plutôt oratoire que philosophique, de quelqu'une des théories absolues ou des formules retentissantes par lesquelles les Stoïciens croyaient perfectionner la morale, en l'élevant à des hauteurs inaccessibles. Considérons, par exemple, le *De Ira.* Peut-on dire qu'il y ait dans ce traité une conception vraiment philosophique, une étude vraiment morale de la colère ? Nous ne le pensons pas. Plus occupé de la vérité philosophique que de l'effet oratoire, Sénèque eût été conduit à de tout autres conclusions que celles qu'il nous expose. Il eût compris, comme

Platon, que la colère n'est pas nécessairement mauvaise en elle-même ; qu'il est de nobles ressentiments, des haines généreuses, et que l'indignation est sœur de l'enthousiasme ; il en eût conclu qu'il y a un art de diriger la colère et de lui demander l'élan dont nous avons quelquefois besoin pour écraser le mal comme pour faire triompher la justice. Mais cette thèse modérée ne pouvait suffire à Sénèque ; elle lui interdisait les amples développements oratoires ; elle rejetait au second plan ce qui occupe la première place dans son livre, la peinture des paroxysmes de la folie furieuse et de la rage, des désordres qu'elles jettent dans l'âme, des contractions hideuses qu'elles impriment à la physionomie. Aussi l'a-t-il éliminée pour conclure à l'inutilité absolue des passions et pour déclarer, avec quelques-uns des maîtres du Stoïcisme, que le seul devoir du sage à leur égard, c'est de les extirper entièrement de son cœur.

De même pour le *De Constantia sapientis*. L'idée dominante de cet écrit n'est, au fond, qu'une de ces vérités un peu banales qui appartiennent à la philosophie morale de tous les temps, mais que le Stoïcisme a la prétention de s'approprier par l'audacieux éclat de ses formules. Toutes les grandes philosophies ont reconnu que la sagesse réside dans la constance et l'impassibilité de l'âme. Le sage est l'homme qui se fortifie par l'épreuve et qui trouve, par exemple, dans les injures noblement supportées, une occasion d'atteindre à la perfection morale par la patience ou le pardon. Sénèque aurait pu se contenter d'approfondir une vérité si importante et si pratique ; il a mieux aimé lui substituer une exagération et un paradoxe. Le sage, d'après lui, ne peut même pas être blessé, le sage ne peut même pas éprouver une injure. Non qu'il n'y ait des hommes capables de vouloir l'injurier ou lui nuire ; mais il les domine de trop haut pour s'apercevoir seulement de leurs outrages ; il voit leurs attaques se briser contre son dédain, et il reste semblable à un rocher qui, au milieu de l'Océan, supporte, sans en être entamé, l'assaut continuel des vagues.

On pourrait multiplier les exemples. En voici un encore, emprunté au *De Brevitate vitæ*. Dans cet écrit, comme dans les autres, Sénèque côtoie la vérité utile et simple ; il ne lui plaît pas de s'y arrêter et de la développer avec mesure.

Le fond de la pensée est d'une admirable justesse : avant d'accuser la Providence d'avoir imposé à la vie humaine des limites trop étroites, nous devrions examiner d'abord si nous ne sommes pas coupables de gaspiller follement les trois quarts de cette vie. Un simple coup d'œil jeté sur les occupations ordinaires des hommes montre assez qu'il en est ainsi. Presque tous laissent envahir leur existence par mille soins étrangers qui la morcellent, là réduisent en poussière, et en même temps les asservissent à tout le monde ; ils rendent des devoirs à des

gens de toute espèce et ils oublient de s'en rendre à eux-mêmes.
D'autres ne se font pas les esclaves des grands ; mais à quelles
occupations misérables ne consacrent-ils pas le temps dont ils
disposent! Lorsqu'ils ne le consument point dans des dé-
bauches honteuses, ils l'emploient à poursuivre les fins les plus
contradictoires ; ils changent sans cesse d'opinions et de vœux ;
ils emploient une moitié de leur existence à défaire ce qu'ils
ont fait dans l'autre. « L'un vient d'obtenir les faisceaux qu'il
avait désirés avec ardeur ; il n'aspire qu'à les déposer, et dit
souvent : Quand cette année sera-t-elle passée? L'autre donne
des jeux dont il remerciait le sort de lui avoir attribué la célé-
bration, et il s'écrie : Quand donc serai-je délivré de tout cet
embarras? » Les moins fous sont encore ceux qui se livrent à
des recherches de pure curiosité, dont ils ne tirent aucun profit
ni pour eux-mêmes ni pour autrui ; mais quel pauvre emploi
de la vie humaine que des occupations de ce genre! « L'un
se demande si l'*Iliade* a été écrite avant l'*Odyssée*, ou quel
était le nombre des rameurs d'Ulysse ; l'autre se donne beaucoup de peine pour arriver à savoir quel général romain a le
premier fait marcher cent vingt éléphants devant son char de
triomphe. »

Ces observations et toutes celles qui remplissent le reste de
l'ouvrage sont ingénieuses et fines, et l'on pourrait en tirer des
conclusions pratiques excellentes, si elles n'étaient viciées par
l'idée systématique à laquelle on les voit aboutir. Cette idée,
c'est que la sagesse et la vertu sont indivisibles et que l'homme
les possède pleinement l'une et l'autre, aussitôt qu'il a réussi à
se mettre, par la tension de sa pensée et de sa volonté, en présence de l'idéal absolu du Vrai et du Bien. De là l'égal dédain
que Sénèque professe pour toutes les occupations qui ne sont
pas la pure contemplation de la vérité, la pure méditation du
devoir. Dans la revue ironique qu'il fait de ces occupations, il
place pêle-mêle les relations mondaines, les obséquiosités envers les grands, et les services honorables et dignes dont l'é-
change est le principal lien de la société humaine. Il méconn-
aît surtout l'importance de ces fonctions civiles, de ces
charges publiques, qui absorbent sans doute et quelquefois
concentrent sur des soins inférieurs toute l'activité d'un homme
de mérite, mais dont on voit apparaître la réelle valeur morale
aussitôt qu'on les regarde comme les conditions nécessaires du
développement de la vie collective, de l'organisme social.
« Veiller, dit-il, à ce que les arrivages de blé s'effectuent sans
fraude, à ce qu'il soit emmagasiné soigneusement dans les gre-
niers, de peur qu'il ne s'échauffe ou qu'il ne se gâte par l'hu-
midité, enfin à ce que la mesure et le poids s'y trouvent, est-
ce là un soin qui puisse être comparé à ces saintes et sublimes
études par lesquelles nous connaissons la nature des dieux, leurs

plaisirs, leur condition, leur forme? » Au fond de ce mépris
des occupations pratiques, mépris que Sénèque, d'ailleurs, est
loin d'avoir toujours pratiqué, ce que nous rencontrons encore,
c'est une de ces généralités morales qui plaisent au Stoïcisme
et dont le génie de Sénèque est éminemment apte à saisir le
caractère oratoire. Sénèque veut dire ici que la sagesse est
quelque chose d'absolu; là où elle est, elle est tout entière;
elle ne connaît ni divisions ni degrés; qui l'a une fois atteinte
la possède désormais d'une manière inamissible. Dès lors (et
ici reparaît l'idée générale du *De Brevitate vitæ*), elle n'a pas
besoin de la continuité du temps; la durée ne lui ajoute rien.
La vie est donc assez longue, puisque nous pouvons arriver
vite à la sagesse par la concentration de l'esprit sur les choses
éternelles; et les dieux auraient même pu nous la donner plus
courte, s'ils n'avaient voulu nous permettre de ressaisir l'Occasion, que nous laissons trop souvent échapper.

Ainsi donc, c'est surtout à cet art de développer les grandes
formules générales de l'Ethique des Stoïciens, que se réduit
l'influence morale exercée par Sénèque sur les hommes de son
temps. On l'a comparé à un directeur de conscience, et nous
sommes loin de vouloir contester à tous égards la justesse de
cette comparaison; mais il ne faudrait pas la pousser trop loin;
on se verrait forcé d'y apporter de nombreuses réserves.
Quelques-unes des qualités les plus essentielles du directeur de
conscience lui font défaut. Et d'abord, en raison même de
sa tendance à ne présenter les vérités morales que sous
une forme absolue, il n'a point l'art de guider les âmes vers le
bien, de leur en faciliter l'accès en les amenant par degrés jusqu'à l'idéal. Non qu'on ne rencontre assez souvent dans ses
écrits, dans le *De Ira*, par exemple, ou le *De Clementia*, d'ingénieux conseils sur la méthode qu'on doit suivre pour dominer une passion, ou sur la nécessité d'attendre, avant d'attaquer
en soi la colère ou la vengeance, que son paroxysme soit passé.
Mais ce n'est pas là son procédé ordinaire; il s'y arrête peu;
il a toujours hâte de reprendre son essor vers les thèses générales, vers les amplifications déclamatoires d'un caractère peu
pratique. Il en est ainsi même dans ses meilleurs ouvrages, la
Consolation à Helvia, par exemple; là, comme partout ailleurs,
nous surprendrons sur le vif son procédé habituel. Il s'agit d'affermir l'âme contre les douleurs de l'exil. Voici, entre plusieurs
choses du même genre, ce qu'il écrit à ce sujet : « Considérons ce
qu'est l'exil; ce n'est réellement qu'un changement de lieu. —
Etre privé de sa patrie est, dit-on, un supplice insupportable.
— Eh bien! regardez cette foule à laquelle suffisent à peine les
habitations d'une ville immense : la plus grande partie de cette
multitude est privée de sa patrie. Les uns y sont attirés par
l'ambition, etc. » Rien de plus brillant, sans doute, et de plus

ingénieux qu'un développement de ce genre; mais le présenter comme un argument, c'est ne pas se préoccuper de convaincre.

Le directeur de conscience doit avoir l'habitude de s'insinuer dans les âmes, de les incliner doucement vers le bien, d'agir sur les cœurs par la passion; il faut que, suivant le précepte de Pascal, il commence par faire aimer le vrai, par faire désirer le bien; il faut surtout qu'il développe, non pas par un cliquetis de mots, mais par une action toute intime, les germes de bonté, de courage, de tempérance, qui persistent jusque dans les âmes les plus corrompues. Cet art a toujours manqué à Sénèque; il ne sait pas faire aimer la vertu. Il étonne, il ne persuade pas; il éblouit, il n'amollit pas; il y a, dans sa pensée comme dans son style, une lumière sans chaleur, un scintillement sans flamme.

Mais, par-dessus tout, il faut au directeur de conscience une supériorité morale incontestable et incontestée; habile dans l'art de manier les faiblesses et les passions des autres, il faut qu'il apparaisse lui-même comme absolument inaccessible à ces passions, à ces faiblesses.

Ce n'est évidemment point le cas de Sénèque. Sans méconnaître ses vertus et ses mérites qui sont réels, il faut bien dire qu'il a été un caractère mobile, une âme agitée. Après avoir décrit, à la première page du *De Tranquillitate animi*, ces inquiétudes et ces incohérences de l'âme, dans lesquelles l'auteur des *Moralistes sous l'Empire romain* voit avec raison une peinture du *spleen* antique, il avoue qu'il connaît bien par sa propre expérience les misères dont il cherche à guérir le jeune Serenus. La contradiction absolue entre la rectitude, la rigidité même des principes et la fluctuation des actes est, en effet, un des caractères les plus saillants de la vie de Sénèque. C'est là ce qui nous interdit de le placer au nombre des vrais directeurs de la conscience humaine; c'est là aussi ce qui le distingue des autres Stoïciens. Il leur a, encore une fois, emprunté, pour les recouvrir de tout l'éclat de son style, pour les vivifier par toutes les saillies de sa pensée, leurs grandes thèses de métaphysique morale, mais non le véritable esprit de leur doctrine, leur amour de la pauvreté, leur désintéressement, leur égalité d'âme, leur obéissance inconditionnelle au devoir. Au lieu de mettre pleinement ses actes en accord avec ses paroles et de suivre jusqu'au bout la voix de sa conscience, Sénèque s'est réfugié dans la théorie commode des *choses préférables*. Les grands Stoïciens n'avaient développé cette théorie qu'à un point de vue tout philosophique, tout spéculatif; sans aucune arrière-pensée d'y chercher une excuse pour leurs faiblesses; Sénèque, au contraire, s'y est attaché délibérément dans un but de justification personnelle.

C'est cette théorie des *choses préférables*, προηγμένα, pro-

ducta, qui a permis à Sénèque de rester Stoïcien ; sans elle, il eût été forcé de s'attacher à une autre école ; car la contradiction entre sa doctrine et sa conduite eût été trop flagrante, pour ne pas dire trop scandaleuse. Mais, s'il est resté au sein de l'école stoïcienne, il y est resté dans un rang secondaire, sans grandeur, sans prestige, sans véritable autorité. C'est ce que M. Martha a mis en lumière dans un passage de son livre où il établit un parallèle entre les trois représentants les plus illustres de la morale du Stoïcisme, Sénèque, Epictète et Marc-Aurèle.

« Celui qui manque le plus, dit-il, de cette autorité qui est une si grande force dans l'enseignement de la morale pratique, c'est le ministre de Néron... Il a, sans doute, aimé la philosophie, il l'a propagée avec autant d'ardeur que d'esprit ; il n'a pas simplement cherché dans la morale, comme on l'en accuse, un amusement et une matière à beaux discours, mais il s'est enchanté lui-même de ses nobles maximes et a fait plus d'efforts qu'on ne pense pour les pratiquer. Cependant il a été un amateur de la vertu plutôt qu'un homme vertueux. Il ressemble un peu trop à ces riches de l'époque qui, dans leurs somptueux palais, se ménageaient une simple retraite, une chambre sans luxe, sans ornements, pourvue à peine de quelques meubles nécessaires, où ils se retiraient à certains jours pour y faire un chétif repas dans de la vaisselle d'argile, pour coucher sur un grabat, essayant de donner le change au dégoût et à la tristesse de l'opulence. C'est dans une semblable retraite, dans ce qu'on appelait alors la *chambre du pauvre*, que Sénèque semble avoir composé ses livres austères. Ses réflexions sur la vanité des grandeurs, bien que sincères, sont toujours un peu suspectes, parce que la malignité qui aime à relever les contradictions entre les maximes et la conduite du philosophe trouve dans la vie de Sénèque une matière qui prête à l'épigramme. S'il avait été disciple de Platon, au lieu de l'être de Zénon, on n'aurait pas trouvé assez de louanges pour ce grand seigneur qui, au comble de la puissance et dans une cour impure, faisait les honneurs à la philosophie. Le malheur de Sénèque est d'être Stoïcien, et d'appartenir à une doctrine qui prêche le renoncement. Aussi, quand on parle de lui, on est toujours obligé de faire des réserves, et, avant de l'admirer, il faut le défendre. C'est assez dire pourquoi, malgré sa profonde connaissance du cœur humain, sa singulière pénétration morale et la chaleur de son prosélytisme, il manque de crédit et d'autorité. »

IV

Nous allons pouvoir maintenant, par l'analyse des chapitres, nous rendre compte de la différence et, à certains égards, de la

contradiction qui existe entre le commencement et la fin du
De Vita beata.

Les seize premiers chapitres contiennent une théorie du souverain bien et une critique de la morale d'Épicure. Il règne dans toute cette partie de l'ouvrage une inspiration morale des plus pures, et l'exposition d'une doctrine quelquefois austère jusqu'à la rigidité y est continuellement tempérée par des traits d'une haute éloquence.

Sénèque commence par établir (ch. ɪ) que tous les hommes aspirent au bonheur, mais qu'ils ne voient pas toujours nettement en quoi le bonheur consiste ; souvent ils s'en écartent d'autant plus qu'ils s'y portent avec plus d'ardeur, parce qu'ils ont choisi une mauvaise route. Il faut donc, pour parvenir à la vie heureuse, s'en faire d'abord une idée exacte, ou, du moins, s'attacher à un guide expérimenté ; il faut surtout se bien garder de suivre la foule, inconsciente et capricieuse.

(Ch. ɪɪ). Il n'en est point des décisions à prendre dans la vie morale comme de celles qu'on prend dans les assemblées politiques. Il ne s'agit point d'aller aux voix et de constater où se trouve la majorité. Le jugement de la foule est, au contraire, un signe infaillible d'erreur. Cette foule, d'ailleurs, se trouve dans tous les rangs de la société. Ce n'est pas elle, c'est notre âme qu'il faut consulter, quand il s'agit des biens de l'âme ; c'est notre conscience qui nous avertira, par ses regrets ou ses remords, des erreurs que nous aurons pu commettre dans le choix de la vie heureuse.

(Ch. ɪɪɪ). L'idée du bonheur n'est pas à la surface, dans les apparences et les illusions ; il faut la chercher dans les profondeurs de l'âme. Les Stoïciens l'ont exprimée par cette formule : Suivre la nature. La vie conforme à la nature amène après elle, comme sa conséquence nécessaire, non la volupté, mais une joie égale et sereine.

(Ch. ɪv). Cette définition peut être présentée sous des formes variées, analogues aux différentes dispositions que prend un corps d'armée sur un champ de manœuvres. Elle contient toujours comme élément essentiel l'idée d'un bien que l'âme tire d'elle-même, et qu'aucune cause extérieure ne peut détruire ou troubler. Quand ce bien est une fois conquis, il en résulte une joie élevée, une gaieté constante, qui remplit l'âme sans l'agiter, et dont elle jouit non comme d'un bien, mais comme d'une conséquence de son bien.

(Ch. v). En résumé, le bonheur, c'est la conscience d'avoir atteint la vérité de sa propre nature. Pas de bonheur pour les êtres sans conscience ; pas de bonheur pour les hommes qu'une nature hébétée réduit à une inconscience relative. Personne n'oserait mettre en parallèle avec le bonheur fondé sur la plénitude de l'être les charmes passagers du plaisir, et, renonçant au bien de l'âme, goûter sans cesse le chatouillement de la volupté.

Les chapitres suivants contiennent une discussion contre les Epicuriens. — Mais, dit le disciple d'Epicure (ch. vi), l'âme aussi a ses plaisirs; l'intelligence relie au présent le passé et l'avenir et augmente ainsi nos joies. — Sénèque répond que c'est folie de se préoccuper de l'avenir; le sage est l'homme heureux de sa situation présente, quelle qu'elle puisse être. — L'Epicurien ajoute : Pas de vertu sans plaisir, pas de plaisir sans vertu. — Mais, répond encore Sénèque, comment peut-on ainsi mettre ensemble deux choses absolument contraires, entièrement incompatibles ?

(Ch. vii). La vertu et le plaisir diffèrent à tous les points de vue. Leurs caractères sont opposés ; ils ne se rencontrent point dans les mêmes lieux. La vertu est constante, immuable, exempte de repentir et de satiété. La volupté, au contraire, est essentiellement fugitive; elle n'a pas de corps; elle s'évanouit au moment même où elle naît.

(Ch. viii). La sagesse consiste à conserver les biens du corps et à remplir les fonctions de la nature, mais en les considérant comme des choses accessoires. Le seul bien véritable, c'est l'unité et l'harmonie de l'âme. La raison humaine puise sans doute ses principes dans les sens, mais pour rentrer ensuite en elle-même ; c'est ainsi que Dieu, maître de l'univers, se répand d'abord dans les choses, puis revient sur lui-même, avec toute la plénitude de son essence. Quand l'âme s'est rendue semblable à Dieu, elle est souverainement heureuse, parce qu'elle est à l'abri de toute oppression du dehors, comme de toute dissension intérieure.

(Ch. ix). Mais, vous-mêmes, disent les Epicuriens, vous ne pratiquez la vertu que parce que vous en attendez quelque plaisir. — Erreur ! Le plaisir n'est qu'un accessoire. On laboure un champ pour la moisson, non pour la petite fleur qui vient éclore au milieu des blés ; de même, on cultive la vertu pour elle-même, non pour la faible joie qui l'accompagne. Le souverain bien, c'est l'achèvement de notre nature ; quand nous avons atteint les justes limites de notre être, notre bien est complet; nous ne demandons rien de plus; car il n'y a rien au delà du tout, rien au-dessus de la perfection.

(Ch. x). Les Epicuriens ajoutent : nous ne séparons pas le plaisir de la vertu. — C'est une pure illusion ; car il y a des plaisirs qui ont leur source dans le vice ; et, dès qu'on a posé le principe du plaisir, on n'a pas le droit de les rejeter. La vertu, au contraire, pèse les plaisirs avant de les admettre, et ceux-mêmes qu'elle admet, elle ne les estime pas.

(Ch. xi). Le plaisir énerve l'âme. Comment un homme dominé par lui résistera-t-il à la crainte de la mort, à la souffrance, à la terreur, à la séduction ? Les Epicuriens réduisent la vertu à la condition d'un esclave qui goûte à l'avance les plaisirs ; ce rôle est indigne de la vertu. Les vrais Epicuriens sont les Nomentanus et les Apicius, qui se vautrent dans la débauche.

(Ch. xii). On dit que de tels hommes ne sont pas plus heureux que les autres, parce que des opinions contraires agitent leurs âmes ; mais, en attendant, c'est le véritable plaisir qu'ils éprouvent, tandis que le plaisir d'Epicure n'est qu'un plaisir modéré et languissant.

A cette occasion, Sénèque consacre la fin du ch. xii et le ch. xiii à faire l'éloge d'Epicure ; il rend pleine justice au caractère et même à la doctrine de ce philosophe. Ce n'est pas Epicure qui pousse les débauchés à la corruption ; ce sont les débauchés qui viennent cacher leurs vices dans le sein de sa philosophie ; les préceptes d'Epicure sont austères jusqu'à la tristesse ; il n'admet la volupté que pour lui imposer une loi sévère ; mais les voluptueux accourent en foule à son école parce qu'ils savent qu'on y fait l'apologie de la volupté, et qu'on y enseigne l'identité du plaisir avec la vertu ! Dès lors, abrités par les formules honnêtes de cette philosophie, ils s'abandonnent à leurs vices librement et la tête haute. Voilà le malheur de la secte d'Epicure ; elle n'est pas, comme on l'en accuse souvent, une école de turpitudes, mais elle a une mauvaise réputation, d'ailleurs imméritée.

(Ch. xiv). Il faut donc remettre les choses à leur place. Que la vertu marche la première, qu'elle porte l'étendard ; elle admettra auprès d'elle la volupté, mais elle lui imposera une mesure. Ceux qui donnent, au contraire, le premier rang au plaisir, se livrent tout entiers à leurs passions ; mais ces passions, semblables à des bêtes féroces, se révoltent contre eux et les dévorent.

(Ch. xv). Si, pourtant, on ne veut pas identifier le plaisir et la vertu, n'est-il pas possible de les joindre intimement et d'en faire les éléments dont se compose le souverain bien ? — Non, répond Sénèque, parce que ce serait enlever au souverain bien sa pureté et le réduire à n'être qu'un alliage. Les parties du souverain bien doivent avoir la même nature et la même valeur que l'ensemble. Or, la volupté n'est pas l'égale de la vertu ; elle jette dans l'âme l'agitation et l'inquiétude ; la vertu seule nous conduit au but de la vie, et nous assure la vraie liberté, qui est l'obéissance à Dieu.

Dans le xvi⁰ chapitre, Sénèque présente la conclusion de toute cette première partie. Il y déclare que le vrai bonheur réside dans la vertu seule ; c'est la vertu qui nous procure la liberté, le succès, la sécurité ; elle n'est pas simplement suffisante pour le bonheur, elle est surabondante. Toutefois, ajoute Sénèque (et c'est par cette transition qu'il prépare la seconde partie de l'ouvrage), il faut, à ce sujet, distinguer entre le sage et l'homme qui ne fait encore qu'aspirer à la sagesse. On ne saurait exiger de ce dernier qu'il se contente de la seule vertu ; car il n'a pas fini de briser les chaînes qui l'attachent aux biens inférieurs.

L'apologie personnelle de Sénèque remplit les chapitres XVII à XXVIII ; apologie souvent bien imparfaite, qui prend son point de départ dans la théorie des *choses préférables*, et qui s'interrompt plusieurs fois pour faire place soit à des diatribes que Sénèque dirige contre ses accusateurs, soit à des déclamations qu'il met dans la bouche de Socrate.

Dans le ch. XVII, Sénèque résume les accusations qu'on élevait contre lui ; il se déclare prêt à en ajouter d'autres ; puis il répond : je ne suis pas, je ne serai même jamais un sage : je ne me propose pas d'égaler les meilleurs, mais de dépasser les méchants ; il me suffit de retrancher chaque jour quelque chose à mes vices et de gourmander mes erreurs.

Il ajoute (ch. XVIII) que des accusations analogues ont été dirigées contre Platon, contre Epicure, contre Zénon ; il ne se laissera pas détourner par elles de son culte pour la vertu ; il ne s'inquiétera pas outre mesure d'une malveillance qui n'a point épargné les Rutilius, les Caton, les Démétrius.

Enfin, dans le ch. XIX, imitant ces avocats de causes douteuses qui n'échappent à une accusation qu'en invectivant l'accusateur, il se retourne vivement contre ses ennemis et leur applique les comparaisons les plus injurieuses. Il leur représente surtout le tort qu'ils se font à eux-mêmes en attaquant les gens de bien : « car, leur dit-il, si vous réussissez à prouver que les hommes qui s'attachent à la vertu sont avares, ambitieux et libertins, qu'êtes-vous donc, vous à qui le nom même de la vertu est odieux ? »

Après cette réponse générale, il reprend une à une, pour les réfuter à part, les principales accusations.

(Ch. XX). Les philosophes ne tiennent pas tout ce qu'ils promettent. — Mais c'est déjà beaucoup qu'ils développent de grandes et honnêtes pensées et tracent, pour les autres comme pour eux-mêmes, un magnifique plan de conduite, embrassant les obligations essentielles de la vie. Il ne faut pas les mépriser s'ils échouent ; car ils veulent atteindre jusqu'aux sommets, et consultent moins leurs propres forces que les forces de la nature.

(Ch. XXI). Certains philosophes méprisent les richesses, et cependant ils les possèdent. — Ce reproche aurait pu être adressé aux hommes les plus sages, à Caton lui-même. Il n'est pas vrai que les philosophes aiment les richesses ; ils ne font que les préférer et ils en légitiment la possession par un noble usage.

(Ch. xxii). La richesse est préférable à la pauvreté, parce qu'elle fournit à l'âme des moyens plus nombreux de développer sa vertu. Le philosophe préfère la fortune, comme le navigateur préfère une mer calme et un vent favorable ; sa préférence est exempte de tout attachement; il possède ses richesses, il n'est point possédé par elles.

(Ch. xxiii). Il ne faut donc pas interdire au philosophe la possession des richesses ; si grande que puisse être sa fortune, l'origine en est toujours irréprochable. Le sage peut ouvrir toutes grandes les portes de sa demeure ; on n'y trouvera rien qui ne lui appartienne légitimement. Pourquoi repousserait-il les richesses ? ce serait avouer qu'il est incapable d'en faire un bon usage ; il saura, au contraire, s'en bien servir et exercer à propos sa générosité.

(Ch. xxiv). Ce n'est pas une chose facile que de savoir bien donner. Il faut varier ses bienfaits suivant les personnes et les circonstances. Il faut être généreux avec toutes les classes de la société ; car la libéralité ne consiste pas à faire du bien aux hommes libres, mais à faire le bien avec un esprit vraiment libre.

C'est surtout dans le xxve chapitre que Sénèque a développé ingénieusement la théorie des προηγμένα. Dans quelque situation que le sort l'ait placé, le sage s'estimera toujours au même prix ; mais il aimera mieux habiter une maison opulente que mendier sur le pont Sublicius. Il sera aussi fier dans les chaînes que sur le char du triomphateur ; mais il aimera mieux être victorieux que prisonnier. Certaines vertus consistent surtout dans l'effort, d'autres dans la modération et dans la résistance aux séductions de la vie ; le sage pratiquera celles que lui assignera sa condition, mais il préférera les moins pénibles.

(Ch. xxvi). Il existe entre l'insensé et le sage une différence bien simple ; l'un subit la domination des richesses, l'autre leur impose la sienne ; l'insensé ne peut se passer des richesses, le sage peut les perdre sans rien perdre de lui-même. Attaqué par les criailleries de ses envieux, Socrate ne se sentira pas plus atteint par leurs violences que Jupiter n'est offensé des inepties auxquelles les poètes se sont livrés à son égard ; mais il leur commandera de se taire par respect pour la vertu, comme on se tait dans les temples par respect pour la divinité.

(Ch. xxvii). Les insensés qui attaquent la vertu sont ces mêmes hommes qu'on voit, dans les rues de la ville, écouter avec une terreur superstitieuse les prêtres des religions de l'Orient. Qu'ils écoutent plutôt la voix de Socrate. Ce grand homme les avertira de veiller d'abord sur eux-mêmes, et de guérir leurs propres vices avant de relever les fautes légères où tombent les amis de la sagesse.

Le livre présente ici une lacune, sans doute peu considérable. Il se termine pour nous sur les premières lignes du chapitre xxviii°. Ces lignes contiennent une menace que Socrate adresse à ses détracteurs ; ils ne voient pas les maux qui vont fondre sur eux, ils n'aperçoivent pas le tourbillon qui va bientôt les emporter.

Telle est la suite des idées qui remplissent le *De Vita beata*. On voit qu'aucun ouvrage de Sénèque ne manifeste d'une manière plus saisissante l'opposition que nous avons signalée plus haut chez ce philosophe entre la doctrine et le caractère.

Dans la première partie, c'est la conception morale des Stoïciens qui se développe avec toute sa rigueur et toute sa rudesse ; on n'y trouve aucune atténuation des principes, aucun ménagement pour la faiblesse humaine. La vertu y est présentée non pas comme le principal bien, mais comme le bien unique de l'homme; elle n'a besoin de recevoir du dehors aucun accroissement ; elle se suffit à elle-même, elle surabonde. Le plaisir peut être, dans certaines circonstances, une conséquence du souverain bien, il n'en est jamais un élément. La théorie a donc un caractère absolu ; c'est à peine si l'on rencontre çà et là quelques légères réticences qui, d'ailleurs, sont plutôt dans l'expression que dans la pensée; celle-ci, par exemple ; nous n'en aurons pas moins la volupté, mais nous en serons les maîtres et les modérateurs, *habebimus nihilominus voluptatem, sed domini ejus erimus et temperatores*.

Dans la seconde partie, c'est le caractère de Sénèque qui se montre avec ses faiblesses et ses contradictions. Il faudrait ajouter : avec ses violences; puisque, comme Sénèque nous le dit lui-même, précisément dans cet ouvrage, la faiblesse entraîne toujours la violence à sa suite. Nous le voyons échapper, en ce qui le concerne, aux conséquences rigoureuses de ses propres principes; admettre pour lui-même des tempéraments, des atténuations qu'il n'eût pas admises pour les autres ; et, lorsqu'il lui faudrait répondre aux critiques, quelquefois sincères, qui s'élevaient contre lui, se retourner avec acrimonie contre ses adversaires, déplacer les questions et les responsabilités, perdre enfin, dans l'attaque comme dans la défense, la mesure et la dignité qui conviennent au philosophe.

V

Le *De Vita beata* conserve, malgré tout, une haute portée morale qu'il serait injuste de méconnaître. Après avoir signalé la contradiction qui existe entre la sévérité des principes stoïciens, exposée sans aucune réserve dans la première moitié de l'ouvrage, et les défaillances de la conduite personnelle, avouées dans la seconde partie, il faut ajouter que cette contradiction s'atténue et semble même disparaître en vingt endroits où Sénèque exprime l'ardent désir de renoncement qui s'était, à cette époque, emparé de son âme. Ce désir, sans doute, était un peu tardif. Le philosophe avait gardé plus longtemps qu'on n'aurait dû l'attendre de lui l'espoir de concilier avec la rigueur des principes de son école la jouissance d'une grande fortune et d'une situation enviée. Mais l'heure des grandes épreuves et des austères réflexions était enfin arrivée pour lui. Privé du concours de Burrhus, isolé dans une cour corrompue, qui était livrée désormais à la domination des plus vils favoris, entouré d'envieux, d'ennemis et de détracteurs, il dut sentir une grande tristesse, un profond découragement envahir son âme, et, sous l'influence de ces sentiments, il prit, non sans doute assez énergiquement et en une seule fois, mais au moins d'une manière graduelle, la résolution de se détacher enfin et des richesses et des honneurs.

Cette aspiration vers le renoncement aux biens extérieurs et vers l'affranchissement moral est, à notre avis, le lien caché des deux parties dont se compose le *De Vita beata*. « Je ne suis pas un sage, répète plusieurs fois Sénèque, je ne suis qu'un aspirant à la sagesse ; je me débats au milieu de nombreuses misères ; je m'occupe à détacher les liens mortels qui pèsent encore sur moi; mais un jour viendra où je vivrai comme il faut vivre. Lentement, laborieusement, je me forme, je me façonne moi-même d'après un noble modèle. » L'idée de liens qui se brisent, ou plutôt qui se dénouent, reparaît à plusieurs reprises, et l'on voit que c'est elle qui domine le plus l'esprit du philosophe. « Quelques-uns, dit-il, sont enchaînés ou même garrottés, mais quelques autres sont déjà entièrement libres ; ceux qui ont commencé à prendre l'essor vers la sagesse traînent après eux une chaîne devenue lâche ; ils ne sont point encore libres, mais ils entrevoient du moins la liberté. » C'est dans cette dernière catégorie que Sénèque se place lui-même.

En étudiant à ce point de vue le *De Vita beata*, on découvre les rapports très réels qui l'unissent au *De Otio aut Secessu sapientis*, et qui ont porté quelques commentateurs à croire que ces deux ouvrages pourraient bien n'en faire qu'un seul. Ils ont été, en effet, composés vers la même époque et, sans aucun doute, sous l'influence des mêmes préoccupations de renoncement et de retraite. Mais, dans l'un, Sénèque exprime surtout son désir de se détacher des richesses, dans l'autre, sa résolution de renoncer aux honneurs et de s'affranchir du pouvoir.

Le *De Vita beata* n'est pas le premier ouvrage dans lequel Sénèque ait prêché le mépris des richesses (car cette idée se retrouve dans tous ses livres), ni même donné le conseil pratique de s'en détacher en esprit, pour faire l'apprentissage volontaire de la pauvreté (car ce conseil se retrouve aussi dans plusieurs passages des *Lettres à Lucilius*). Mais on peut dire que, dans le *De Vita beata*, écrit sous l'impression de circonstances menaçantes, l'idée de la pauvreté possible est devenue en quelque sorte plus présente ; elle apparaît à Sénèque comme celle d'un péril de tous les jours et qui réclame de sa part une résolution décisive. Il n'en pouvait d'ailleurs être autrement à cette époque désastreuse où le monde était livré aux fantaisies d'un maître sans responsabilité, dont on ne pouvait ni prévoir ni éluder les ordres arbitraires.

Aucune protection n'existait alors; aucune garantie, soit dans les mœurs publiques, soit dans les lois. On ne pouvait compter, pour la sécurité du lendemain, ni sur l'éclat de sa vie ou le prestige de sa vertu, ni même sur la reconnaissance pour les services passés. La possession d'une grande fortune était une cause de suspicion perpétuelle ; le riche, surtout lorsqu'il avait été mêlé aux affaires de l'État, était condamné à vivre dans une inquiétude de tous les instants ; il lui fallait sans cesse redouter les calomnies d'un délateur, le fer d'un assassin, ou bien se procurer un délai des plus précaires, en inscrivant ostensiblement l'empereur sur son testament, et en se dépouillant ainsi de ses biens, pour n'en plus rester que l'usufruitier obséquieux et toujours tremblant.

Ces dangers qui menaçaient chaque jour les citoyens les plus distingués étaient particulièrement suspendus sur la tête de Sénèque, à cause de l'envie dont il était l'objet, et surtout parce que sa réputation de vertu lui attirait les sympathies de tout ce qui restait d'un peu honnête dans la cour et dans la ville; ainsi, il était en vue pour le cas où une conspiration triomphante aurait débarrassé Rome des infamies et des turpitudes du règne de Néron.

Sénèque le comprit ; il songea enfin à se retirer de la cour, et Tacite nous a fait le récit saisissant de l'entrevue où il vint, non sans quelque arrière-pensée et quelque reste d'espoir, offrir à Néron de se démettre de ses charges et de lui restituer les biens dont sa munificence l'avait comblé.

« César, lui dit-il, il y a quatorze ans que j'approche de ta personne ; il y en a huit que tu règnes. Depuis ce temps, tu m'as comblé de tant d'honneurs et de richesses, qu'il ne manque à mon bonheur que d'y voir des bornes... Ton trisaïeul Auguste permit à Agrippa d'aller chercher dans Lesbos une retraite, et à Mécène de s'en faire une au sein même de Rome; et cependant, l'un avait été le compagnon de ses guerres; l'autre, sans quitter Rome, avait essuyé plus de fatigues encore. Tous deux avaient justifié de grandes récompenses par de grands services. Moi, au contraire, qu'ai-je apporté en échange de tes dons ? Quelques talents obscurs, nourris dans l'ombre de l'école, auxquels je dois la gloire de paraître avoir dirigé les essais de ta jeunesse; ce qui me paie déjà avec usure... Nous avons tous deux comblé la mesure : tu m'as donné tout ce qu'un prince peut donner à un ami; j'ai reçu tout ce qu'un ami peut recevoir d'un prince,.. Soulage ma vieillesse du fardeau de l'opulence; daigne confondre mes biens avec ta fortune et les faire régir par tes procurateurs. Je ne sacrifierai qu'un vain éclat qui me fatigue, et tout le temps que m'enlève le soin de mes terres ou de mes jardins, je le restituerai à mon esprit... Je te paierai ma dette en rentrant dans le repos, et ce sera une partie de ta gloire d'avoir élevé aux grandeurs un homme capable de supporter la médiocrité. »

La réponse de Néron est empreinte de la plus froide ironie.

« Je réplique sur-le-champ à un discours préparé : Voilà déjà un de tes bienfaits. C'est toi qui m'as formé à discuter facilement et les questions prévues et celles qui ne le sont pas. » Après ce premier trait, plein d'une malice hautaine, l'empereur réfute les exemples de Mécène et d'Agrippa, et mêlant aux raisons morales les protestations d'amitié, intéresse habilement la gloire même de Sénèque à la conservation de ses richesses et de ses charges : « J'ai honte de citer des affranchis plus opulents que toi, et je rougis que, le premier dans mon cœur, tu ne le sois pas encore par la fortune... Pourquoi me quitter? si cette pente si glissante du premier âge m'a emporté dans quelques erreurs, tu les redresseras. Si tu rends tes richesses, si tu abandonnes ton prince, on ne dira pas que c'est de ta part modération et amour du repos. Rome entière s'écriera que Néron est avare, que l'on redoute sa cruauté. Et quand ton désintéressement t'attirerait les plus grands éloges, conviendrait-il à un sage de chercher sa gloire dans une démarche qui décrierait son ami?»

On voit apparaître dans toute cette réponse les sentiments de haine contenue d'un homme qui, ayant en main la toute-puissance, sait qu'il pourra se venger à l'heure de son choix, et prend plaisir à prolonger, par un peu de répit et par quelques jours de fausse sécurité, les inquiétudes de sa victime.

Dans cette dure situation, Sénèque, tout en gardant ses richesses et ses honneurs, ne pouvait se faire beaucoup d'illusion sur leur stabilité, et les derniers chapitres du *De Vita beata*, nous montrent assez qu'il se mit à méditer de plus en plus sur le devoir qui s'impose au sage de s'affranchir des richesses.

Or le premier moyen d'échapper à la tyrannie des richesses, c'est de ne leur rien demander, et de vivre au milieu d'elles dans des habitudes de tempérance et d'austérité. Alors, n'ayant plus d'intérêt à les conserver, on ne craint plus de les perdre. Sénèque a peint d'une manière très heureuse cette indifférence du sage pour la fortune, au sein de la fortune elle-même. Le sage, dit-il, use des richesses, mais il n'a pour elles aucun attachement véritable ; il ne les repousse pas de sa demeure, il ne les y appelle pas non plus ; il leur donne seulement l'hospitalité. Viennent-elles à disparaître, il les voit d'un œil sec s'éloigner de lui, *abeuntia securus prosequitur*. L'insensé est esclave de ses richesses ; le sage les tient sous sa domination ; il les gouverne comme des choses qui lui sont étrangères ; il ne se sent nullement diminué, s'il vient à les perdre... « Que mes richesses, s'écrie Sénèque, en s'adressant à un de ses envieux, s'échappent de mes mains, elles ne m'enlèveront rien qu'elles-mêmes ; toi, si tu les perds, tu seras frappé de stupeur, et il te semblera que tu es séparé de toi-même. Mes richesses m'appartiennent ; toi, tu appartiens à tes richesses. *Mihi divitiæ, si effluxerint, nihil auferent nisi semetipsas : tu stupebis et videberis tibi sine te relictus. Divitiæ meæ sunt : tu divitiarum es.* »

Mais la meilleure et la plus sûre manière de s'affranchir des richesses à l'heure même où on les possède encore, c'est de ne voir en elles qu'une occasion de développer son être, en exerçant par leur secours un plus grand nombre de vertus ; c'est surtout d'en faire un usage désintéressé, à tel point qu'on les possède pour les autres plutôt que pour soi-même. Pénétré de cette vérité, Sénèque a écrit, dans le *De Vita beata*, de belles pages sur la bienfaisance, dont il se fait une idée très élevée et très large. Sans doute, il ne faudrait pas précisément lui demander d'atteindre jusqu'à la pure conception de la fraternité humaine, bien que le principe en soit posé dans les écrits des Stoïciens. La bienfaisance n'est pas encore pour lui le sacrifice de soi-même et l'abnégation ; elle reste une vertu de grand seigneur, qui, tout en soulageant ceux qui souffrent, ne s'abaisse pas jusqu'à eux par une vraie compassion. Mais si Sénèque n'est pas précisément un apôtre de la charité, on doit reconnaître, au moins, qu'il a trouvé des formules admirablement nettes par lesquelles se précise et s'élargit le sentiment antique de la libéralité : « C'est aux hommes, en tant qu'hommes, que la nature m'ordonne d'être utile... Partout où il y a un homme, il y a place pour le bienfaiteur... La libéralité n'est pas appelée ainsi parce qu'elle s'exerce envers des hommes libres, mais parce qu'elle part d'un libre mouvement de l'âme. »

Dans le *De Otio*, les méditations de Sénèque sont encore tournées vers le renoncement aux biens passagers ; mais, à la place des richesses, il y est question des honneurs et des charges publiques. On y trouve toutes les réflexions auxquelles doit naturellement se livrer un homme qui s'habitue à dédaigner le pouvoir, et qui, pour s'affermir dans une résolution encore chancelante, cherche à se représenter fortement le charme d'occupations nouvelles par lesquelles il remplacera les occupations de l'homme d'État, aussitôt qu'il aura eu le courage d'y renoncer pour jamais. Il était plus difficile encore à Sénèque de se détacher du pouvoir que de se séparer des richesses ; car le renoncement aux richesses est dans l'esprit du Stoïcisme, et, pour s'y décider, Sénèque n'avait qu'à rentrer dans le courant des doctrines de son école, tandis que le renoncement à l'action est, au contraire, en opposition avec le principe fondamental par lequel le Stoïcisme se distingue de l'école d'Epicure.

Aussi la partie qui nous a été conservée du *De Otio* débute-t-elle par une discussion sur le grand précepte stoïcien : *In actu mori*, et sur les circonstances dans lesquelles il cesse d'être obligatoire. « Epicure dit : le sage n'approchera point des affaires publiques, à moins d'y avoir été poussé par quelque circonstance ; Zénon dit : le sage approchera des affaires publiques, à moins d'en être empêché. » Mais, quelles sont ces circonstances assez graves pour écarter le sage de l'action, qui est la vraie loi de sa nature? Nous pouvons reconnaître précisément celles qui allaient devenir soit le prétexte, soit la cause réelle de la retraite de Sénèque : « L'Etat, dit-il, n'admettra pas le sage au maniement des affaires publiques, s'il est d'une santé faible, *si valetudo illum impediet*. — Mais, d'un autre côté, le sage abandonnera lui-même les affaires, si l'Etat est trop corrompu pour qu'il soit possible de le secourir, *si respublica corruptior est quam ut adjuvari possit*; s'il est envahi par les méchants, *si occupata est malis*; si le sage lui-même est dans une situation telle qu'il ne lui reste plus assez d'autorité ou assez de forces, *si parum habebit auctoritatis aut virium*. » On voit par ces paroles que Sénèque se rendait un compte exact de sa situation et des devoirs qu'elle lui dictait. La seule raison qui doive déterminer un homme d'Etat à rester au pouvoir, c'est la certitude d'être assez fort pour faire prévaloir ses idées personnelles, pour accomplir le bien qu'il rêve ou tout au moins pour empêcher le mal qui se ferait après sa retraite. Sénèque comprenait bien que tous ces motifs de rester aux affaires avaient cessé d'exister pour lui, et il s'efforçait de vaincre peu à peu son attachement aux affaires publiques, en reportant sa pensée, comme autrefois, pendant son exil en Corse, sur l'étude des questions naturelles.

De là le beau parallèle qu'il établit d'abord entre les deux républiques, celle de la société et celle du Monde. « Embrassons par la pensée deux républiques. L'une est vraiment grande et vraiment *chose publique*; elle renferme les dieux et les hommes; là, ce n'est pas à tel coin de la terre que nous avons égard; c'est par le cours entier du soleil que nous mesurons les confins de notre cité. L'autre est la république à laquelle nous attache le sort de notre naissance ; cette dernière sera la république ou d'Athènes ou de Carthage, ou de toute autre ville qui ait rapport, non à tous les hommes, mais à un certain nombre. Quelques-uns travaillent à la fois pour l'une et pour l'autre de ces deux républiques, pour la grande et pour la petite; d'autres, seulement pour la grande; et celle-là, nous pouvons la servir tout aussi bien, mieux peut-être, au sein du repos. »

Tout ce passage montre bien l'état d'hésitation où se trouvait Sénèque. Le philosophe se familiarise avec l'idée de la retraite; il ne peut encore s'y habituer pleinement. Mais les développements qui viennent ensuite montrent avec quelle persévérance il se préparait à une résolution devenue inévitable. Nous y voyons que toutes les heures de la vie, même si elles y étaient consacrées exclusivement, ne suffiraient point à l'étude des questions naturelles; par conséquent, dès qu'un homme se livre à la contemplation des merveilles de la nature, il ne doit plus s'en laisser détourner par la préoccupation des misérables intérêts terrestres. Il faut qu'il soit tout entier à la retraite; la retraite seule lui permettra de devenir enfin le contemplateur des œuvres de Dieu, le confident de la pensée éternelle. « C'est un esprit curieux que la nature nous a donné. Pleine du sentiment de son industrie et de sa beauté, elle nous a engendrés pour être spectateurs de si grands spectacles ; *elle perdrait le fruit d'elle-même,* si elle ne montrait qu'à la solitude des ouvrages si grands, si éclatants, si artistement conduits, si achevés, des ouvrages toujours divers et toujours beaux. »

Il y a particulièrement dans cette dernière pensée une grande élévation philosophique. Pour Sénèque, comme plus tard pour Hégel, il semble que la nature ne s'achève que dans la conscience de l'homme. Le plus grand bonheur dont l'homme puisse jouir, la plus haute ambition qu'il puisse se proposer, surtout dans les dernières années de sa vie, c'est d'être une conscience où se réfléchisse l'univers. Quand le sage donne à sa pensée ce sublime objet, il ne peut plus avoir que du mépris pour les vaines occupations de la politique. C'est par là que Sénèque veut terminer son existence; et la contemplation de la nature, qui avait déjà été une des consolations de son exil en Corse, lui apporte, au déclin de sa vie, une nouvelle joie, en le rapprochant de cet affranchissement moral vers lequel il soupire, et en communiquant à sa pensée une sérénité qu'elle n'avait jamais connue jusqu'alors.

Ceci nous amène, en effet, à signaler entre le *De Vita beata* et le *De Otio* une autre différence. Malgré l'analogie des sentiments et des idées, le ton des deux ouvrages est tout à fait différent. Dans le *De Otio,* écrit sans doute un peu plus tard, à une époque où la résignation de Sénèque était plus affermie, où l'apaisement des grandes colères s'était fait en lui, on trouve une sérénité remarquable et vraiment digne d'un philosophe. Il n'en est pas de même dans le *De Vita beata;*

malgré tous ses mérites, c'est l'œuvre d'une âme agitée, qui n'a pas pris encore son parti des misères et des hontes; qui ne s'est pas encore élevée, par le pardon ou le mépris, au-dessus de l'indignation. C'est, au moins dans la seconde partie, une œuvre de passion, de colère et de haine. On sent que Sénèque, en écrivant les derniers chapitres, a été préoccupé surtout par l'attitude insolente de ses envieux, qui dominaient de plus en plus à la cour et qui se réjouissaient de sa ruine prochaine. Cette ruine, il y est résigné; mais il ne l'est pas également au triomphe de ses ennemis. Il tient, avant de disparaître, à les bien avertir que ce triomphe sera court. Les signes avant-coureurs se montrent déjà à l'horizon; ils ne veulent pas les comprendre, de même que des barbares, enfermés derrière leurs murailles, ne comprennent pas la menace de ces machines de guerre que les assiégeants construisent dans la plaine; mais ce qu'ils ne veulent pas voir, Sénèque le voit pour eux, et sa consolation, on pourrait dire sa vengeance, c'est de leur annoncer que le tourbillon vengeur les enveloppe déjà, va les disperser, eux et leurs biens.

Cette sérénité philosophique, qui est absente du *De Vita beata*, mais qui se montre clairement dans le *De Otio*, remplit aussi les derniers moments de la vie de Sénèque et lui permit de se montrer enfin le vrai disciple de la grande école toïcienne.

Rappelons, au sujet de cet événement, les traits principaux du récit de Tacite.

« Quand le centurion lui annonça que l'heure était venue de mourir, Sénèque, sans se troubler, lui demanda son testament. Sur le refus du centurion, il se tourna vers ses amis et leur dit que, puisqu'on l'empêchait de reconnaître leurs services et de leur témoigner sa gratitude, il leur laissait le seul bien, mais le plus précieux qui lui restât, l'image de sa vie. Ils fondaient en larmes. Sénèque les rappela à la fermeté, tantôt avec douceur, tantôt avec le ton sévère d'un maître qui réprimande.

» Après ces exhortations, qui s'adressaient à tous, il embrassa sa femme, et, légèrement attendri par le spectacle de son malheur, il la conjura de modérer sa peine, d'y mettre des bornes, et de chercher, dans le spectacle de la vie et des vertus de son époux, un soulagement honorable au regret causé par sa perte. Pauline répondit qu'elle voulait aussi mourir, et demanda l'exécuteur pour la frapper. Sénèque, ne voulant pas lui ravir cette gloire, et craignant d'ailleurs de laisser celle qu'il aimait sans partage en butte aux affronts, lui dit : « Je vous avais montré ce qui pouvait vous rendre la vie plus douce ; vous préférez l'honneur de mourir; je ne serai point jaloux d'un si grand exemple. Périssons tous deux avec un égal courage, et

vous, avec plus de gloire que moi. » Aussitôt, ils s'ouvrent avec
le même fer les veines des bras ; et Sénèque, ne perdant son
sang qu'avec lenteur, à cause qu'il était affaibli par la vieillesse
et par un régime austère, se fait couper aussi les veines des
jarrets et des jambes...

» Cependant, comme son sang coulait avec peine et que la
mort était longue à venir, il pria son ami Statius Annéus, habile
médecin, de faire apporter un poison qu'il tenait depuis longtemps en réserve. C'était celui qu'Athènes donnait aux crimi-
nels condamnés par un jugement public. Il le but, mais en
vain, ses membres étant déjà froids et son corps fermé à l'action du poison. Enfin, il entra dans un bain chaud, et jetant
de l'eau sur les esclaves les plus proches : Je fais, dit-il, cette
libation à Jupiter libérateur. De là, il fut porté dans une étuve
dont la vapeur l'étouffa. On le brûla sans aucune pompe, comme
il l'avait ordonné dans un codicille, à l'époque où, riche encore
et tout-puissant, il s'occupait déjà de sa fin. »

La simplicité héroïque d'une telle mort mérita au ministre de
Néron l'admiration de ses contemporains et celle de la posté-
rité. Elle rachète les faiblesses de sa vie et autorise à porter
sur lui un jugement où la sympathie et l'approbation dominent.
Sans doute, Sénèque n'a pas suffisamment conformé ses actes
à ses principes, pendant toute cette longue période de sa vie
où il lui eût été donné, plus qu'à tout autre, d'apprendre aux
hommes comment il faut vivre ; mais cet accord s'est du moins
établi à la dernière heure, quand il s'est agi de leur apprendre
comment on peut mourir.

DE VITA BEATA

AD GALLIONEM FRATREM

CAPUT I

1. Vivere, Gallio frater[1], omnes beate volunt, sed ad pervidendum, quid sit quod beatam vitam efficiat, caligant[2]. Adeoque non est facile consequi beatam vitam, ut eo quisque ab ea longius recedat, quo ad illam concitatius fertur, si via lapsus est : quæ ubi in contrarium ducit, ipsa velocitas majoris intervalli causa fit[3]. Proponendum est itaque primum, quid sit, quod appetamus. Tunc circumspiciendum est, qua contendere[4] illo celerrime possimus, intellecturi in ipso itinere, si modo rectum erit, quantum quotidie profligetur[5], quantoque propius ab eo simus, ad quod nos cupiditas naturalis impellit.

2. Quamdiu quidem passim vagamur, non ducem secuti, sed fremitum et clamorem dissonum in diversa vocantium, conteretur vita inter errores brevis, etiamsi dies noctesque bonæ menti[6] laboremus : decernatur itaque, et quo tendamus et qua, non sine perito aliquo[7], cui explorata sint

---

I. 1. *Gallio frater.* C'est le même à qui fut dédié le *Traité de la Colère;* il s'appelait d'abord Annæus Novatus; adopté par un personnage de la famille des Gallion, il prit, en se conformant à l'usage, le nom de L. Jun. Gallio Annæanus.

2. *Caligant.* Ils sont enveloppés de ténèbres. Familièrement : *ils n'y voient goutte.*

3. *Velocitas majoris intervalli causa fit.* Descartes, qui admirait beaucoup le *De Vita beata* et qui l'a commenté dans ses lettres à la princesse Palatine, s'est sans doute rappelé ce passage, quand il a écrit au commencement du *Discours de la Méthode :* « Les plus grandes âmes sont capables des plus grands vices aussi bien que des plus grandes vertus; et ceux

qui ne marchent que fort lentement peuvent avancer beaucoup davantage, s'ils suivent toujours le droit chemin, que ne font ceux qui courent et qui s'en éloignent. »

4. *Contendere.* Remarquer ici l'idée de la *tension,* de l'effort, qui se retrouve dans toutes les parties de la doctrine stoïcienne.

5. *Profligetur. Profligare* signifie tailler en pièces ses ennemis, faire du carnage : ici donc, par métaphore, abattre de la besogne, faire des progrès. Autre leçon : *proficiamus.*

6. *Bonæ menti.* La *bona mens,* c'est la santé morale, c'est l'équilibre de l'âme, ayant son principe dans l'intuition claire de la vérité et du devoir.

7. *Non sine perito aliquo.* Lire, à

ea, in quæ procedimus, quoniam quidem non eadem hic quæ in ceteris peregrinationibus conditio est : in illis comprensus aliquis limes [8] et interrogati incolæ non patiuntur errare. At hic tristissima quæque via et celeberrima maxime decipit.

3. Nihil ergo magis præstandum est, quam ne pecorum ritu sequamur antecedentium gregem, pergentes non quo eundum est, sed quo itur. Atqui nulla res nos majoribus malis implicat, quam quod ad rumorem componimur, optima rati ea, quæ magno assensu recepta sunt, quodque exempla pro bonis [9] multa sunt, nec ad rationem sed ad similitudinem vivimus. Inde ista tanta coacervatio aliorum super alios ruentium.

4. Quod in strage hominum magna evenit, quum ipse se populus premit, nemo ita cadit, ut non et alium in se attrahat, primique exitio sequentibus sunt, hoc in omni vita accidere videas licet : nemo sibi tantummodo errat [10], sed alieni erroris et causa et auctor est [11]. Nocet enim applicari antecedentibus, et dum unusquisque mavult credere quam judicare, nunquam de vita judicatur, semper creditur, versatque nos et præcipitat traditus per manus error. Alienis perimus exemplis : sanabimur, separemur modo a cœtu.

5. Nunc vero stat contra rationem defensor mali sui [12] populus. Itaque id evenit quod in comitiis [13], in quibus consules factos et prætores iidem qui fecere mirantur, quum

---

ce sujet, dans l'ouvrage de M. Martha : *les Moralistes sous l'Empire romain*, une étude très originale sur Sénèque, directeur de conscience. — Voir aussi dans quelques passages, et particulièrement dans la lettre LII, le développement de la même idée : » *Nemo per se satis valet ut emergat; oportet manum aliquis porrigat, aliquis educat*, etc. *Quidam indigent ope aliena, non ituri si nemo præcesserit*, etc.

8. *Comprensus limes.* Expression très simple. Nous disons de même : prendre un sentier; prendre à droite ou à gauche. La leçon *compressus* n'est pas admissible.

9. *Quodque exempla... multa sunt.*

Variante acceptable, mais d'une tournure moins originale et moins hardie : *quorumque exempla nobis multa sunt.*

10. *Nemo sibi tantummodo errat.* Théorie abrégée de la *solidarité morale.*

11. *Auctor est. Auctor* désigne celui à qui remonte la responsabilité d'une chose, celui dont on invoque l'exemple pour justifier sa conduite.

12. *Defensor mali sui.* Il s'obstine dans son mal, il s'y complaît, il ne veut pas s'en guérir.

13. *In comitiis.* Il s'agit ici des comices par centuries où l'on élisait les consuls, les préteurs, les édiles, en un mot, les magistrats de l'ordre le plus élevé.

se mobilis favor[14] circumegit. Eadem probamus, eadem
reprehendimus : hic exitus est omnis judicii, in quo secundum plures datur[15].

CAPUT II

1. Quum de beata vita agitur, non est quod mihi illud
discessionum more[1] respondeas : « Hæc pars major esse
videtur. » Ideo enim pejor est. Non tam bene cum rebus
humanis agitur, ut meliora pluribus placeant : argumentum pessimi turba est.

2. Quæramus ergo, quid optimum factu sit, non quid
usitatissimum, et quid nos in possessione felicitatis
æternæ[2] constituat, non quid vulgo, veritatis pessimo
interpreti, probatum sit. Vulgum autem tam chlamydatos
quam coronatos[3] voco. Non enim colorem vestium, quibus
prætexta sunt corpora, adspicio. Oculis de homine non

---

14. *Mobilis favor.* Cf. *aura popu-
laris. Se circumegit :* comparaison
avec la girouette, qui se tourne successivement vers tous les points de
l'horizon.

15. *Datur.* Terme de droit. Expression impersonnelle, se rapportant à
la décision d'un tribunal.

II. 1. *Discessionum more.* Le vote ne
se faisait point au sénat comme dans
nos assemblées délibérantes modernes
par assis et levé, appel nominal ou
scrutin secret, mais par *discession.*
L'auteur d'un projet de loi se portait
avec ses partisans d'un côté de la
salle; les adversaires se rangeaient
de l'autre côté; le consul proclamait
le résultat du vote par la formule :
« hæc pars major esse videtur. »

2. *Æternæ,* i. e. *perpetuæ.*

3. *Chlamydatos quam coronatos.* Ce
passage a donné lieu à des contro-
verses provenant surtout de sa contradiction avec un autre passage du
chapitre XXV, où quelques éditions
anciennes portaient : *prætextatus et
chlamydatus.* Sénèque ne pouvait évidemment avoir considéré en même
temps la chlamyde comme un vêtement distingué et un vêtement vulgaire. Cette difficulté a complètement

disparu, puisque les éditions modernes s'accordent pour écrire au chapitre XXV : *prætextatus et gausapatus.*
En fait, la chlamyde était en Grèce
un vêtement des plus élégants. Elle
consistait en un manteau, formé d'un
carré oblong d'étoffe, auquel s'ajou-
taient deux pointes triangulaires. Les
plis de ce vêtement, observe M. Ch.
Blanc, formaient des cassures excessivement gracieuses et d'un caractère
tout à fait artistique. Et, en effet,
c'est ce manteau que l'on voit porté
de diverses manières par plusieurs
personnages de la procession des Pa-
nathénées, et surtout par un jeune ca-
valier qui fait caracoler son cheval.
Mais, si la chlamyde était à Athènes
un vêtement aristocratique, il faut
ajouter qu'à Rome elle n'était guère
portée que par des soldats étrangers ;
elle ne faisait pas partie du costume
national. Il est donc certain que *chlamydatos* désigne ici des gens de peu,
le vrai vulgaire, tandis que *coronatos*
se rapporte à des personnages impor-
tants, qui avaient été honorés de cou-
ronnes. Signalons cependant une autre
leçon : *tam chlamydatos quam coronam. Coronam* désignerait ici la foule,
et *chlamydatos* l'aristocratie.

credo. Habeo melius et certius lumen, quo a falsis vera dijudicem : animi bonum animus inveniat[4]. Hic, si unquam respirare illi et recedere in se vacaverit, o quam sibi ipse verum, tortus a se[5], fatebitur, ac dicet :

3. « Quidquid feci adhuc, infectum esse mallem. Quidquid dixi quum recogito, mutis invideo. Quidquid optavi, inimicorum exsecrationem puto. Quidquid timui, dii boni, quanto levius fuit quam quod concupivi? Cum multis inimicitias gessi et in gratiam ex odio, si modo ulla inter malos gratia est, redii : mihi ipsi nondum amicus sum. Omnem operam dedi, ut me multitudini educerem et aliqua dote notabilem facerem : quid aliud quam telis me opposui et malevolentiæ, quod morderet, ostendi?

4. Vides istos qui eloquentiam laudant, qui opes sequuntur, qui gratiæ adulantur, qui potentiam extollunt? Omnes aut sunt hostes aut, quod in æquo est, esse possunt. Quam magnus mirantium tam magnus invidentium populus est : quin potius quæro aliquod usu bonum, quod sentiam, non quod ostendam[6]? Ista quæ spectantur, ad quæ consistitur, quæ alter alteri stupens monstrat, foris nitent, introrsus misera sunt. »

CAPUT III

1. Quæramus aliquod non in speciem bonum, 'sed solidum et æquale, et a secretiore parte formosius[1]. Hoc eruamus[2]. Nec longe positum est. Invenietur. Scire tantum opus est quo manum porrigas : nunc velut in tenebris vicina transimus, offensantes ea ipsa quæ desideramus.

4. *Animi bonum animus inveniat.* C'est par les yeux de l'âme qu'il faut juger des biens de l'âme.

5. *Tortus a se.* Il s'agit ici des tourments de la conscience. Cf. Juvénal : *animo tortore.*

6. *Bonum, quod sentiam, non quod ostendam.* Bon pour le profit, non pour l'étalage. De même, plus loin : *non in speciem bonum.*

III. 1. *Et a secretiore parte formosius.* Et dont la beauté se découvre d'autant plus qu'on pénètre davantage au fond.

2. *Eruamus. Eruere* veut dire dégager, amener à la lumière une chose profondément enfouie. Ainsi, plus loin, chap. XXIV : *quemadmodum thesaurus alte obrutus, quem non eruas, nisi fuerit necesse.*

2. Sed ne te per circumitus traham, aliorum quidem opiniones præteribo. Nam et enumerare illas longum est et coarguere : nostram accipe. Nostram autem quum dico, non alligo me ad unum aliquem ex Stoicis proceribus [3]. Est et mihi censendi jus [4]. Itaque aliquem sequar, aliquem jubebo sententiam dividere. Fortasse, et post omnes citatus, nihil improbabo ex iis quæ priores decreverint, et dicam : « Hoc amplius censeo [5]. »

3. Interim, quod inter omnes Stoicos convenit, rerum naturæ assentior [6]: Ab illa non deerrare et ad illius legem exemplumque formari sapientia est : beata est ergo vita conveniens naturæ suæ [7], quæ non aliter contingere potest, quam si primum sana mens [8] est et in perpetua possessione sanitatis suæ, deinde fortis ac vehemens [9], cuncta pulcherrime patiens, apta temporibus, corporis sui pertinentiumque ad id curiosa [10], non anxie. Tum illarum rerum quæ vitam instruunt diligens, sine admiratione cujusquam [11], usura fortunæ muneribus, non servitura.

4. Intelligis, etiam si non adjiciam, sequi perpetuam tranquillitatem, libertatem depulsis iis quæ aut irritant

3. *Non alligo me ad unum aliquem ex Stoicis proceribus.* Non seulement Sénèque ne s'attache pas exclusivement aux Stoïciens, mais encore, dans ses *Lettres à Lucilius*, il fait de continuels emprunts à Épicure; il passe, comme il dit, dans le camp ennemi, non en transfuge, mais en éclaireur, *non tanquam transfuga, sed tanquam explorator.*

4. *Est et mihi censendi jus.* Cf. *Ep.* XXXIII: *Turpe est ex commentario sapere.* — *Hoc Zeno dixit : tu quid?* — *Hoc Cleanthes : tu quid? Quousque sub alio moveris?*

5. *Sequar; jubebo dividere sententiam; nihil improbabo; dicam : « Hoc amplius censeo. »* Ce sont les formules par lesquelles on exprimait au Sénat son adhésion entière ou partielle à l'avis d'un autre.

6. *Rerum naturæ assentior.* C'est la formule essentielle de la morale du stoïcisme : Ὁμολογουμένως ἀκολούθως τῇ φύσει ζῆν.

7. *Beata est vita, conveniens naturæ suæ.* La nature de l'homme, c'est la raison, comme la nature de l'animal,

c'est l'appétit. Il ne peut donc y avoir de bonheur pour l'homme que dans l'obéissance à la raison.

8. *Sana mens.* Cette santé de l'âme, c'est l'affranchissement des passions.

9. *Fortis ac vehemens.* Ces deux mots désignent la force pour résister et l'élan pour entreprendre.

10. *Corporis sui pertinentiumque ad id curiosa.* D'après les Stoïciens, la nature a donné à l'homme, ainsi qu'à l'animal, la conscience de sa constitution; *elle l'a recommandé à lui-même;* c'est-à-dire qu'elle a mis en lui un ensemble de désirs, de tendances, d'instincts qui se rapportent à la conservation de l'individuelle et de la vie spécifique. Le souci du corps et des choses qui concernent le corps est donc parfaitement légitime; c'est le principe d'une série de fonctions, d'un ordre de devoirs que les Stoïciens appellent les *convenables,* τὰ καθήκοντα.

11. *Sine admiratione cujusquam.* Sans attachement passionné pour aucune. Cf. *Nil admirari.* Hor., *Ep.,* I, vi.

nos aut territant. Nam pro voluptatibus, et pro illis quæ parva ac fragilia sunt et turpissimis flagitiis obnoxia, ingens gaudium subit [12], inconcussum et æquale. Tum pax, et concordia animi, et magnitudo cum mansuetudine. Omnis enim ex infirmitate feritas est [13].

CAPUT IV

1. Potest aliter quoque definiri bonum nostrum, id est eadem sententia, non iisdem comprendi verbis. Quemadmodum idem exercitus modo latius panditur, modo in angustum coartatur et aut in cornua, sinuata media parte, curvatur aut recta fronte explicatur, vis illi, utcunque ordinatus est, eadem est et voluntas pro iisdem partibus standi [1] : ita finitio summi boni alias diffundi potest et exporrigi, alias colligi et in se cogi.

2. Idem itaque erit, si dixero : Summum bonum est animus fortuita despiciens, virtute lætus, aut : invicta vis animi, perita rerum [2], placida in actu [3], cum humanitate multa et conversantium cura [4]. Libet et ita finire,

---

12. *Pro voluptatibus... ingens gaudium subit.* Sénèque a développé dans la lettre XXIII ce parallèle entre la *voluptas* et le *gaudium* : « *Hoc ante omnia fac, mi Lucili; disce gaudere! Existimas nunc me detrahere tibi multas voluptates, qui fortuita submoveo; qui spes, dulcissima oblectamenta, devitandas existimo? Imo contra! nolo tibi unquam deesse lætitiam. Volo illam tibi domi nasci; nascetur, si modo intra te ipsum sit. Ceteræ hilaritates non implent pectus; frontem remittunt, leves sunt : nisi forte tu judicas eum gaudere, qui ridet. Animus debet esse alacer et fidens, et super omnia erectus. Mihi crede, res severa est verum gaudium.* »

13. *Omnis enim ex infirmitate feritas est.* Pensée très juste. Toute méchanceté, toute sauvagerie provient, en effet, d'un manque d'équilibre dans l'âme, d'un conflit entre ses éléments, par suite, d'une faiblesse.

IV. 1. *Pro iisdem partibus standi.*

2. *Perita rerum.* Ayant l'expérience des choses. Il s'agit ici d'une sorte d'expérience transcendante. De même que la raison universelle, l'âme du monde, pénètre l'univers entier, s'insinue dans ses diverses parties, et ne se replie sur elle-même qu'après s'être mêlée à toutes choses, l'âme du sage parcourt aussi, par une intuition qui lui est propre, les divers événements où elle peut être engagée, s'y accommode à l'avance et se met en mesure d'agir toujours avec sagacité et prudence.

3. *Placida in actu.* Calme dans l'action.

4. *Cum humanitate multa et conversantium cura. Humanitas* exprime ici la bienveillance mêlée de condescendance et de politesse; *conversantium cura,* l'intérêt sympathique porté à tous ceux au milieu desquels on vit.

ut beatum dicamus hominem eum, cui nullum bonum malumque sit, nisi bonus malusque animus : honesti cultorem, virtute contentum, quem nec extollant fortuita nec frangant, qui nullum majus bonum eo quod sibi ipse dare potest noverit, cui vera voluptas erit ,voluptatum contemptio.

3. Licet, si evagari[5] velis, idem in aliam atque aliam faciem, salva et integra potestate, transferre. Quid enim prohibet nos beatam vitam dicere liberum animum et erectum, et interritum ac stabilem, extra metum, extra cupiditatem positum, cui unum bonum honestas, unum malum turpitudo, cetera vilis turba rerum[6], nec detrahens quidquam beatæ vitæ nec adjiciens, sine auctu ac detrimento summi boni veniens ac recedens?

4. Hunc ita fundatum necesse est, velit nolit, sequatur[7] hilaritas continua, et lætitia alta atque ex alto veniens[8], ut qui suis gaudeat nec majora domesticis[9] cupiat. Quidni ista penset bene cum minutis, et frivolis, et non perseverantibus corpusculi motibus? Quo die infra voluptatem fuerit, et infra dolorem erit. Vides autem, quam malam et noxiosam servitutem serviturus sit, quem voluptates doloresque, incertissima dominia impotentissimaque[10], alternis[11] possidebunt.

5. Ergo exeundum ad libertatem est. Hanc non alia res tribuet quam fortunæ negligentia : tum illud orietur inæstimabile bonum, quies mentis in tuto collocata et sublimitas, expulsisque terroribus ex cognitione veri gaudium

---

5. *Evagari*. Faire, pour ainsi dire, des incursions autour de la définition principale; la développer en divers sens.

6. *Vilis turba rerum*. Un vil amas de choses.

7. *Sequatur*. De même, plus haut : *sequi perpetuam tranquillitatem*. Cette idée sera développée plus loin. La joie, même la plus légitime, la plus morale, ne fait pas partie du souverain bien; elle n'en est qu'une conséquence.

8. *Lætitia alta atque ex alto veniens*. La joie dont il est question ici n'est pas celle que Cicéron, dans le *De Finibus*, cite au nombre des quatre passions admises par les Stoïciens, *lætitia*, *ægritudo*, *libido*, *metus*. Ce n'est pas l'ἡδονή, mais la χαρά, qui, suivant la remarque de M. Ravaisson, n'est pas πάθος, mais εὐπάθεια, et est compatible avec la vertu comme avec la sagesse, puisqu'elle en découle.

9. *Domesticis*. Que les biens qu'il trouve en lui-même.

10. *Incertissima dominia et impotentissima*. Les maîtres les plus capricieux et les plus immodérés.

11. *Alternis*. S.-ent. *vicibus*.

grande et immotum, comitasque et diffusio[12] animi, quibus delectabitur non ut bonis, sed ut ex bono suo ortis[13].

CAPUT V

1. Quoniam liberaliter[1] agere cœpi, potest beatus dici, qui nec cupit nec timet beneficio rationis. Quoniam et saxa timore et tristitia carent, nec minus pecudes, non ideo tamen quisquam felicia dixerit, quibus non est felicitatis intellectus[2].

2. Eodem loco pone homines, quos in numerum pecorum et animalium redegit hebes natura et ignoratio sui. Nihil interest inter hos et illa, quoniam illis nulla ratio est, his prava[3] et malo suo atque in perversum solers. Beatus enim nemo dici potest extra veritatem[4] projectus.

3. Beata ergo vita est in recto certoque judicio stabilita et immutabilis. Tunc enim pura mens est et soluta omnibus malis, quum non tantum lacerationes, sed etiam vellicationes effugit, statura semper ubi constitit ac sedem suam, etiam irata et infestante fortuna, vindicatura.

4. Nam quod ad voluptatem pertinet, licet circumfundatur undique et per omnes vias influat, animumque

---

12. *Diffusio*. La joie est une dilatation modérée, un épanouissement de l'âme. Le plaisir, observe M. Ravaisson, est aussi une dilatation de l'âme, mais portée à un tel excès qu'il en résulte un désagrégement des parties, et, par suite, une détente et une dissolution.

13. *Non ut bonis, sed ut ex bono suo ortis*. Même idée que précédemment. La joie n'est pas un bien de l'âme, mais quelque chose qui naît de ce bien.

V. 1. *Liberaliter*. Allusion aux nombreuses définitions données plus haut.

2. *Non ideo quisquam felicia dixerit, quibus non est felicitatis intellectus*. Comparer cette pensée avec la fameuse thèse de M. de Hartmann sur l'accroissement du malheur en raison directe de l'intensité de la conscience. (Voir E. Caro, *le Pessimisme au dix-neuvième siècle*.)

3. *Nihil interest inter hos et illa, quoniam illis nulla ratio est, his prava*. Au point de vue du bonheur, Sénèque place les hommes dont la raison est dépravée sur le même rang que les bêtes. D'autres les placent au-dessous, puisque les bêtes, en suivant l'instinct, obéissent encore à une sorte de raison, inconsciente, mais infaillible.

4. *Veritatem*, préférable à *virtutem*, que donnent d'anciennes éditions. Ce mot désigne ici la vérité de la nature, l'intégrité de l'essence. D'ailleurs, pour les Stoïciens, comme pour Socrate, la vertu est d'abord la connaissance de la vérité; le vice est une ignorance, la passion, une erreur.

blandimentis suis leniat, aliaque ex aliis admoveat, quibus totos nos partesque nostri sollicitet : quis mortalium, cui ullum superest hominis vestigium, per diem noctemque titillari⁵ velit et, deserto animo, corpori operam dare?

CAPUT VI

1. « Sed animus quoque, inquit¹, voluptates habebit suas². » Habeat sane sedeatque luxuriæ et voluptatum arbiter, impleat se eis omnibus quæ oblectare sensus solent. Deinde præterita respiciat et, exoletarum voluptatum memor, exsultet prioribus futurisque jam immineat ac spes suas ordinet, et dum corpus in præsenti sagina jacet, cogitationes ad futura præmittat : hoc mihi videbitur miserior, quoniam mala pro bonis legere dementia est. Nec sine sanitate quisquam beatus est, nec sanus cui futura³ pro optimis appetuntur.

2. Beatus est ergo judicii rectus. Beatus est præsentibus, qualiacunque sunt, contentus amicusque rebus suis. Beatus est is, cui omnem habitum rerum suarum ratio commendat.

---

5. *Titillatio.* Ce terme épicurien a été plusieurs fois employé par Sénèque : *Magnam voluptatem facit titillatio corporis. Quid ergo dubitatis dicere bene esse homini, si palato bene est. Ep.* xcii.

VI. 1. *Inquit.* Ce mot est répété au commencement de plusieurs autres chapitres. Il se rapporte à un Epicurien que Sénèque prend pour adversaire.

2. *Animus voluptates habebit suas.* Ces plaisirs de l'esprit doivent être entendus au sens que leur donnait Epicure. Il les faisait consister uniquement dans le souvenir des biens passés et dans l'attente des biens futurs. Ce souvenir et cette attente étaient considérés par lui comme une consolation nécessaire contre les maux présents, ou plutôt, si l'on veut sur ce point approfondir davantage la pensée d'Epicure « comme un moyen d'organiser par soi-même et de disposer pour le mieux le tout de la vie, le présent, le passé et l'avenir » et d'imprimer à sa satisfaction un caractère un et permanent. (Voir Guyau, *la Morale d'Epicure.*) Sénèque, après avoir accumulé les expressions qui résument cette pensée de son adversaire, *præterita respiciat, exsultet prioribus, futuris immineat, cogitationes ad futura præmittat,* répond que l'homme heureux est, au contraire, celui qui sait se contenter du présent, quel qu'il soit, *præsentibus, qualiacunque sunt, contentus,* et aimer sa destinée, *amicus rebus suis.*

3. *Futura.* Koch écrit *obfutura.* Mais le mot *futura* se rapporte bien plus nettement à l'idée dominante de toute cette phrase.

CAPUT VII

1. Vident et in illis qui summum bonum dixerunt, quam turpi illud loco posuerint. Itaque negant posse voluptatem a virtute diduci, et aiunt nec honeste quemquam vivere, ut non jucunde vivat, nec jucunde, ut non honeste quoque[1]. Non video quomodo ista tam diversa in eamdem copulam conjiciantur. Quid est, oro vos, cur separari voluptas a virtute non possit? Videlicet quia omne bonis ex virtute principium est, ex hujus radicibus etiam ea, quæ vos et amatis et expetitis, oriuntur? Sed si ista indiscreta[2] essent, non videremus quædam jucunda, sed non honesta, quædam vero honestissima, sed aspera, per dolores exigenda.

2. Adjice nunc, quod voluptas etiam ad vitam turpissimam venit, at virtus malam vitam non admittit. Et infelices quidam non sine voluptate, immo ob ipsam voluptatem sunt, quod non eveniret, si virtuti se voluptas immiscuisset, qua virtus sæpe caret, nunquam indiget.

3. Quid dissimilia, immo diversa componitis? Altum quiddam est virtus, excelsum et regale, invictum, infatigabile : voluptas humile, servile, imbecillum, caducum, cujus statio ac domicilium fornices et popinæ sunt. Virtutem in templo convenies[3], in foro, in curia, pro muris stantem, pulverulentam, coloratam[4], callosas habentem manus : voluptatem latitantem sæpius ac tenebras

---

VII. 1. *Nec honeste, ut non jucunde; nec jucunde, ut non honeste quoque.* C'est à peu près la formule même d'Epicure dans une lettre que Diogène Laërce nous a conservée : Οὐκ ἔστιν ἡδέως ζῆν ἄνευ τοῦ φρονίμως, καὶ καλῶς; καὶ δικαίως, οὐδὲ φρονίμως, καὶ καλῶς, καὶ δικαίως; ἄνευ τοῦ ἡδέως. Cette formule a été littéralement traduite par Cicéron, dans le *De Finibus*, III, vii.

2. *Indiscreta.* Inséparables. La suite de la phrase est d'un beau mouvement.

3. *Virtutem in templo convenies,*

voluptatem... Il est à peine besoin de faire remarquer que Sénèque imite ici le célèbre passage des *Entretiens mémorables* où Hercule nous est représenté choisissant entre la Volupté et la Vertu. — Cette phrase est, en outre, intéressante, en ce que ce tableau des *stations* de la vertu et du vice est aussi une description abrégée de Rome et de la vie romaine.

4. *Coloratam.* Ἡλιωμένην; Platon, *Rep.*, viii. Halée par le soleil; en opposition avec *pallidam aut fucatam*, qui vient ensuite.

captantem, circa balinea ac sudatoria ac loca ædilem me-
tuentia, mollem, enervem, mero atque unguento ma-
dentem, pallidam aut fucatam et medicamentis pollinctam [5].

4. Summum bonum immortale est : nescit exire [6], nec
satietatem habet nec pœnitentiam. Nunquam enim recta
mens vertitur nec sibi odio est, nec quidquam mutant optima [7] : at voluptas tunc, quum maxime delectat, exstin-
guitur. Non multum loci habet [8], itaque cito implet, et
tædio est, et post primum impetum marcet; nec id unquam certum est, cujus in motu natura est [9]. Ita ne potest
quidem ulla ejus esse substantia [10], quod venit transitve
celerrime, in ipso usu sui periturum. Eo enim pervenit
ubi desinat, et dum incipit, spectat ad finem.

CAPUT VIII

1. Quid, quod tam bonis quam malis voluptas inest,
nec minus turpes dedecus suum quam honestos egregia
delectant? Ideoque præceperunt veteres optimam sequi
vitam, non jucundissimam, ut rectæ ac bonæ volunta-
tis non dux, sed comes esset voluptas. Natura enim
duce utendum est [1]. Hanc ratio observat, hanc consulit [2].

5. *Pollinctam.* Imprégnée de sub-
stances odorantes, comme un cadavre
que l'on embaume. Haase : *pollutam.*
6. *Immortale est, nescit exire.* Il
est impérissable, il ne nous quitte
plus.
7. *Mutant optima.* Haase : *mutavit,
[quia semper secuta est] optima.*
8. *Nec multum loci habet.* Il lui
manque l'espace, ou plutôt, ici, le
temps, pour se développer.
9. *Cujus in motu natura est.* Les
Epicuriens essayaient d'échapper à ce
genre de critiques par leur célèbre
distinction du plaisir en mouvement
et du plaisir stable, de l'ήδονή έν κινή-
σει et de l'ήδονή καταστηματική.
10. *Nulla potest ejus esse substantia.* Le plaisir n'est qu'un phénomène ;
il n'a point de substantialité, de con-
sistance, de corps ; sa forme n'est jamais celle de l'être, mais seulement

celle du devenir. Il est absolument
insaisissable, et l'on peut diriger
contre son idée même les critiques
que Zénon dirigeait contre l'idée du
mouvement. Le plaisir n'a pas de
lieu ; car, là où il est, il se meut ; et,
dès qu'il s'y meut, il n'y est déjà
plus.
VIII. 1. *Natura duce utendum est.*
C'est le principe essentiel des Stoïciens ;
mais il importe de le bien comprendre.
Il n'est pas question ici de la nature
universelle, identique à la raison et à
Dieu, à la Providence et au destin. Il
est question de notre nature, de ce
que les Stoïciens appellent notre constitution, τήν σύστασιν. Nous avons une
conscience immédiate de cette constitution et des diverses fins auxquelles
elle se rapporte ; cette conscience,
c'est l'instinct.
2. *Hanc ratio observat, hanc con-*

2. Idem est ergo beate vivere et secundum naturam. Hoc quid sit, jam aperiam : si corporis dotes et apta naturæ[3] conservarimus diligenter et impavide tanquam in diem data et fugacia, si non subierimus eorum servitutem nec nos aliena possederint, si corpori grata et adventitia eo nobis loco fuerint, quo sunt in castris auxilia et armaturæ leves. Serviant ista, non imperent : ita demum utilia sunt menti.

3. Incorruptus vir sit externis et insuperabilis, miratorque tantum sui, fidens animo, atque in utrumque paratus[4] artifex vitæ. Fiducia ejus non sine scientia sit, scientia non sine constantia ; maneant illi semel placita, nec ulla in decretis ejus litura sit. Intelligitur, etiamsi non adjecero, compositum ordinatumque fore talem virum, et in iis quæ aget cum comitate magnificum.

4. Quærat ratio vera sensibus irritata[5] et capiens inde principia : nec enim habet aliud, unde conetur aut unde ad verum impetum capiat : in se revertatur. Nam mundus quoque cuncta complectens rectorque universi deus in exteriora quidem tendit, sed tamen in totum undique in se

sulit. Continuation de la même idée. La raison, en effet, a pour mission d'observer et de consulter l'instinct, pour développer d'une manière réfléchie les puissances que la nature a déposées en nous.

3. *Apta naturæ.* Les choses qui se rapportent à notre nature, qui appartiennent à son économie. Celles-là, nous devons les conserver en nous et les développer. C'est le principe de ce que les Stoïciens appellent les *offices,* c'est-à-dire les *fonctions :* « Telles sont, dit M. Ravaisson, les fonctions de la nutrition et de la reproduction dans l'animal ; de plus, chez l'homme, l'acquisition du savoir, les soins de la famille, de la société, l'exercice de la tempérance et du courage, la grandeur d'âme, la bienfaisance, et sur toutes choses les actes qui tendent au salut et au bien des autres hommes. » Voir, à la fin du volume, un passage très important du III° livre du *De Finibus* sur les *offices.*

4. *Fidens animi atque in utrumque paratus.* Citation de Virgile, *Æneid.,* ii, 61. *In utrumque paratus* signifie ici également prêt à vivre et à mourir. *Artifex vitæ,* artisan de sa propre vie.

5. *Quærat ratio vera sensibus irritata.* Que la raison, pour chercher la vérité, soit stimulée par les sens, et qu'elle y prenne son point de départ. Haase. *Erit vera ratio sensibus insita.* La vraie raison sera comme plongée dans les sens, comme engagée dans la matière. Quelque leçon que l'on adopte, il faut se rappeler que le point de départ de la logique des Stoïciens est une conception sensualiste. Nos connaissances ne sont d'abord que des images, φαντασίαι; mais ces images contiennent implicitement la vérité et la raison. L'œuvre de l'esprit consiste à les en dégager par une application intellectuelle dont les divers degrés sont comparés par les Stoïciens à la main ouverte, demi-ouverte et fermée. La connaissance pleine et entière, la compréhension, κατάληψις, est l'acte par lequel s'achève la transformation de cette raison instinctive, que les sens contiennent déjà, en une raison explicite et réfléchie.

redit[6]. Idem nostra mens faciat : quum secuta sensus suos per illos se ad externa porrexerit, et lilorum et sui potens sit.

5. Hoc modo una efficietur vis ac potestas concors sibi, et ratio illa certa nascetur, non dissidens nec hæsitans in opinionibus comprehensionibusque[7], nec in persuasione, quæ quum se disposuit, et partibus suis consensit et, ut ita dicam, concinuit, summum bonum tetigit. Nihil enim pravi, nihil lubrici superest, nihil in quo arietet aut labet.

6. Omnia faciet ex imperio suo nihilque inopinatum accidet, sed quidquid agetur in bonum exibit facile et parate, et sine tergiversatione agentis. Nam pigritia et hæsitatio pugnam et inconstantiam ostendit. Quare audacter licet profitearis summum bonum esse animi concordiam. Virtutes enim ibi esse debebunt, ubi consensus atque unitas erit : dissident vitia[8].

CAPUT IX

1. « Sed tu quoque, inquit, virtutem non ob aliud colis » quam quia aliquam ex illa speras voluptatem. » Primum non, si voluptatem præstatura virtus est, ideo propter

---

6. *In exteriora quidem tendit, sed tamen in totum undique in se redit.* La divinité se répand dans les choses et les pénètre de son essence; puis, ensuite, elle revient sur elle-même et se concentre dans sa propre unité. Les Stoïciens se représentaient ce double mouvement sous la forme toute physique d'une alternance de relâchement et de tension, de diastole et de systole. D'autres philosophes panthéistes, les Hégéliens, le considéreront comme une évolution par laquelle l'*Idée* sort d'elle même, traverse toute les déterminations du monde physique et du monde moral, et se retrouve enfin avec la pleine conscience de sa nature absolue.

7. *In opinionibus comprehensionibusque.* L'opinion, c'est la croyance,

la conjecture; la compréhension, c'est la connaissance sûre d'elle-même. Voici, d'ailleurs, d'après la traduction d'un passage des *Académiques*, II, XLVII, la théorie stoïcienne des degrés de la connaissance : Zénon, les doigts étendus, présentait l'intérieur de la main, et disait : voilà l'image de l'aperception (φαντασία); ensuite, il repliait un peu les doigts, et ajoutait : voici l'assentiment. Il serrait ensuite les doigts, fermait le poing, et disait : voici maintenant la compréhension. Enfin, comprimant fortement et étroitement la main droite avec la main gauche : voilà, disait-il, la science que personne ne possède, excepté le sage.

8. *Dissident vitia.* Les vices sont des dissensions, des discordances de l'âme.

hanc petitur. Non enim hanc præstat, sed et hanc[1] : nec huic laborat, sed labor ejus, quamvis aliud petat, hoc quoque assequetur.

2. Sicut in arvo, quod segeti proscissum est, aliqui flores internascuntur, non tamen huic herbulæ, quamvis delectet oculos, tantum operis insumptum est — aliud fuit serenti propositum, hoc supervenit — sic voluptas non est merces nec causa virtutis, sed accessio, nec quia delectat, placet[2], sed si placet, et delectat.

3. Summum bonum in ipso judicio est et habitu optimæ mentis, quæ quum [munus] suum[3] implevit et finibus se suis cinxit, consummatum est summum bonum nec quidquam amplius desiderat. Nihil enim extra totum est[4], non magis quam ultra finem.

4. Itaque erras, quum interrogas, quid sit illud propter quod virtutem petam : quæris enim aliquid supra summum. Interrogas, quid petam ex virtute? ipsam. Nihil enim habet melius, ipsa pretium sui. An hoc parum magnum est, quum tibi dicam : « Summum bonum est infra- » gilis animi rigor, et providentia, et subtilitas[5], et sanitas, » et libertas, et concordia, et decor? » Aliquid etiamnunc exigis majus, ad quod ista referantur? Quid mihi volup- tatem nominas? Hominis bonum quæro, non ventris[6], qui pecudibus ac belluis laxior est.

IX. 1. *Non enim hanc præstat, sed et hanc.* Pensée analogue à celle qu'exprime Aristote dans sa *Morale*, mais avec une différence importante. D'après Aristote, le plaisir s'ajoute à la vertu, en ce sens qu'il la complète. D'après Sénèque, il ne s'y ajoute que d'une manière tout extérieure; il en résulte, il la suit, il n'en fait pas partie.

2. *Nec quia delectat, placet.* Placet, ce qui satisfait l'intelligence; delectat, ce qui charme la sensibilité.

3. *Quum [munus] suum.* Munus n'est qu'une conjecture; on peut aussi bien sous-entendre *habitum* ou *ambitum*; on peut même ne rien sous-entendre du tout, et interpréter de la manière suivante : quand elle a complété ce qui lui appartient en propre, c.-à-d. son essence.

4. *Nihil enim extra totum est.* Voir, à ce sujet, dans l'Ep. XCII, la réfutation de la doctrine d'Antipater. Ce philosophe faisait profession d'accorder une certaine influence aux biens extérieurs, tout en la réduisant à peu de chose. « Que penseriez-vous, lui répond Sénèque, d'un homme qui trouverait le jour insuffisant, si l'on n'allumait en même temps quelques petites flammes? Auprès de la clarté du soleil, quel effet pourrait produire une étincelle? »

5. *Rigor, et providentia, et subtilitas.* Tous ces termes expriment les différents aspects sous lesquels les Stoïciens ont coutume de considérer la perfection de l'âme.

6. *Non ventris.* Voir encore, dans le livre de M. Guyau : *la Morale d'Epicure*, le chapitre intitulé : *le Plaisir du ventre.*

CAPUT X

1. « Dissimulas, inquit, quid a me dicatur : ego enim
» nego quemquam posse jucunde vivere, nisi simul et
» honeste vivit : quod non potest mutis contingere ani-
» malibus, nec bonum suum cibo metientibus[1]. Clare, in-
» quit, ac palam testor hanc vitam, quam ego jucundam
» voco, non sine adjecta virtute contingere. »

2. Atqui quis ignorat plenissimos esse voluptatibus vestris stultissimos quosque[2]? et nequitiam abundare jucun-
dis, animumque ipsum genera voluptatis prava sibi multa
suggerere? in primis insolentiam[3] et nimiam æstimationem sui, tumoremque elatum supra ceteros, et amorem
rerum suarum cæcum et improvidum, delicias fluentes[4]
et ex minimis ac puerilibus causis exsultationem, jam di-
cacitatem et superbiam contumeliis gaudentem, desidiam
dissolutionemque segnis animi indormientis sibi.

3. Hæc omnia virtus discutit, et aurem pervellit[5], et
voluptates æstimat[6] antequam admittat, nec quas probavit magni pendit : utique enim admittit[7], nec usu earum,
sed temperantia læta est. Temperantia autem quum
voluptates minuat, summi boni injuria est[8]. Tu voluptatem

X. 1. *Nec bonum suum cibo metientibus.* Non plus qu'aux hommes qui
cherchent l'idéal du bien dans le plaisir de la nourriture. — Continuation
du rapprochement établi au ch. v
entre les bêtes et les hommes gros-
siers et inconscients.

2. *Plenissimos esse voluptatibus vestris stultissimos quosque.* Toute la réfutation qui commence ici est d'une
grande délicatesse et d'une grande
profondeur. Comment peut-on, après
avoir posé comme fondement de la
morale la loi du plaisir, ajouter que
le plaisir ne saurait être séparé de la
vertu, quand on voit d'abord que
beaucoup de plaisirs naissent de la
perversion même de l'âme, ensuite
que la vertu n'accepte le plaisir qu'à
la condition de le dominer et de le
modérer?

3. *Insolentiam.* Énumération très

exacte et très fine des plaisirs qui
n'ont leur source que dans une dépra-
vation de l'esprit.

4. *Delicias fluentes.* Amollissantes,
dissolvantes. De même, plus bas :
desidiam dissolutionemque.

5. *Aurem pervellit.* Littéralement :
nous tire l'oreille, pour nous faire ré-
fléchir, pour nous rappeler à nous-
mêmes. Expression analogue dans
Virgile : *Écl.,* VI, 3.

6. *Voluptates æstimat.* Assigne aux
plaisirs leur véritable valeur.

7. *Nec quas probavit magni pendit :
utique admittit.* Ceux mêmes qu'elle
approuve, elle n'en fait pas grand
cas, mais se contente de les admettre.

8. *Summi bona injuria est.* Elle fait
tort au souverain bien (si toutefois le
souverain bien réside vraiment dans
le plaisir).

complecteris, ego[9] compesco. Tu voluptate frueris, ego
utor. Tu illam summum bonum putas, ego nec bonum.
Tu omnia voluptatis causa facis, ego nihil.

CAPUT XI

1. Quum dico me nihil voluptatis causa facere, de illo
loquor sapiente, cui[1] soli concedis voluptatem. Non voco
autem sapientem, supra quem quidquam est, nedum voluptas : atqui ab hac occupatus quomodo resistet labori
et periculo, egestati et tot humanam vitam circumstrepen-
tibus minis ? quomodo conspectum mortis, quomodo doloris feret ? quomodo mundi fragores[2] et tantum acerri-
morum hostium, a tam molli adversario victus ? Quidquid
voluptas suaserit, faciet. Age, non vides quam multa sua-
sura sit ?

2. « Nihil, inquit, poterit turpiter suadere, quia ad-
» juncta virtuti est. » Non vides iterum, quale sit summum bonum, cui custode opus est[3], ut bonum sit ? Virtus
autem quomodo voluptatem reget, quam sequitur, quum
sequi parentis sit, regere imperantis ? A tergo ponis quod
imperat ? Egregium[4] autem habet virtus apud vos officium, voluptates praegustare[5] !

9. *Tu... ego.* L'orgueil, si souvent
reproché au Stoïcisme, éclate dans ce
genre de réfutation. Sénèque lui-
même le comprend si bien, qu'il substitue aussitôt à ce *moi* haïssable le
sage des Stoïciens.

XI. 1. *Quum dico me... de illo loquor
sapiente, cui...* Il faut remarquer dans
tout le reste de l'ouvrage l'artifice qui
est employé ici pour la première fois.
Sénèque parle d'abord en son propre
nom ; il s'oppose orgueilleusement lui-
même à ses adversaires ; puis, com-
prenant l'objection qui va l'atteindre,
il met aussitôt à sa place le sage idéal.

2. *Mundi fragores.* Les cataclysmes
de l'univers. *Fragor* désigne le bruit
d'une chose qui se casse ou qui s'é-
croule. Les Stoïciens aimaient à se
représenter ainsi l'impassibilité du
sage. De même : *si fractus illabatur
orbis,* etc.

3. *Cui custode opus est.* Ironie semblable à celle du vers de Racine :

Qui ne peut se sauver lui-même.

4. *Egregium.* Pris dans un sens
ironique.

5. *Voluptates praegustare.* Les Épicuriens réduisaient la vertu au rôle de
cet esclave qui, dans les festins an-
tiques, goûtait les mets avant qu'ils ne
fussent servis à table. Voir, dans Cicéron, la célèbre comparaison de
Cléanthe : *Jubebat eos qui audiebant
secum ipsos cogitare pictam in tabula
voluptatem, pulcherrimo vestitu et or-
natu regali in solio sedentem ; praesto
esse virtutes ut ancillulas, quae nihil
aliud agerent, nullum suum officium
ducerent, nisi ut voluptati ministra-*

3. Sed videbimus an, apud quos tam contumeliose trac-
tata virtus est, adhuc virtus sit, quæ habere nomen suum
non potest, si loco cessit : interim, de quo agitur, multos
ostendam voluptatibus obsessos, in quos fortuna omnia
munera sua effudit, quos fatearis necesse est malos.

4. Adspice Nomentanum et Apicium[6], terrarum ac
maris, ut isti vocant, bona concoquentes[7], et super mensam recognoscentes omnium gentium animalia. Vide hos
eosdem e suggestu rosæ[8] spectantes popinam suam,
aures vocum sono, spectaculis oculos, saporibus palatum
suum delectantes. Mollibus lenibusque fomentis totum la-
cessitur eorum corpus, et ne nares interim cessent, odo-
ribus variis inficitur locus ipse, in quo luxuriæ parentatur[9] : hos esse in voluptatibus dices. Nec tamen illis
bene erit, quia non bono gaudent.

CAPUT XII

1. « Male, inquit, illis erit, quia multa intervenient,
» quæ perturbent animum, et opiniones inter se contrariæ
» mentem inquietabunt. » Quod ita esse concedo. Sed ni-

---

rent, et eam tantum ad aurem admo-
nerent; si modo id pictura intelligi
posset, ut caveret ne quid faceret im-
prudens quod offenderet animos hominum, aut quidquam e quo oriretur aliquis dolor. (De Finibus, II, XXI.)

6. Nomentanum et Apicium. C'é-
taient deux débauchés célèbres; le
premier nous est connu par des vers
d'Horace, Sat., I, 8; le second, par
le récit que Sénèque a fait de sa mort
au xe chapitre de la Consolation à
Helvia : « Quum sestertium millies in
culinam congessisset... ære alieno op-
pressus, rationes suas tunc primum
coactus inspexit; superfuturum sibi
sestertium centies computavit, et velut
in ultima fame victurus, si in sester-
tio centies vixisset, veneno vitam fi-
nivit. »

7. Concoquentes. Haase : conqui-
rentes.

8. E suggestu rosæ. Il est étrange
que Haase croie pouvoir remplacer ce
détail si net et si vraisemblable par
l'expression abstraite et insolite : e
successuro. Tout ce passage présente
cependant un tableau bien curieux de
la sensualité antique. On voulait que
tous les sens fussent charmés à la fois;
or, nous trouvons plus loin : aures,
oculos, palatum, nares. Il est vrai que
le sens du toucher est représenté dans
ce développement par : mollibus lenibusque formentis... Mais l'image : e
suggestu rosæ s'y rapporte aussi d'une
manière très heureuse; qu'on se rap-
pelle à ce sujet le pli de rose du sy-
barite. — Cette idée d'un plaisir parfait, auquel tous les sens contribuent,
a été reprise dans maint tableau de
l'Ecole hollandaise ou de l'Ecole
flamande sur ce thème : les cinq Sens.

9. Parentatur. Allusion aux repas
des funérailles.

hilominus illi ipsi stulti et inæquales [1] et sub ictu pœnitentiæ positi magnas percipient voluptates, ut fatendum sit tam longe tum illos ab omni molestia abesse quam a bona mente, et quod plerisque contingit, hilarem insaniam insanire ac per risum furere.

2. At contra sapientium remissæ voluptates et modestæ ac pæne languidæ sunt, compressæque et vix notabiles : ut quæ neque accersitæ veniant nec, quamvis per se accesserint, in honore sint neque ullo gaudio percipientium exceptæ. Miscent enim illas et interponunt vitæ, ut l idum jocumque inter seria.

3. Desinant ergo inconvenientia [2] jungere et virtuti voluptatem implicare, per quod vitium pessimis quibusque adulantur. Ille effusus in voluptates, ructabundus [3] semper atque ebrius, quia scit se cum voluptate vivere, credit et cum virtute. Audit enim voluptatem separari a virtute non posse. Deinde vitiis suis sapientiam inscribit et abscondenda profitetur.

4. Itaque non ab Epicuro impulsi [4] luxuriantur, sed vitiis dediti luxuriam suam in philosophiæ sinu abscondunt et eo concurrunt, ubi audiant laudari voluptatem. Nec æstimant, voluptas illa Epicuri, ita enim me hercules sentio, quam sobria ac sicca sit, sed ad nomen ipsum advolant, quærentes libidinibus suis patrocinium aliquod ac velamentum.

5. Itaque quod unum habebant in malis bonum perdunt, peccandi verecundiam. Laudant enim ea quibus erubescebant, et vitio gloriantur. Ideoque ne resurgere quidem erubescentiæ [5] licet, quum honestus turpi desidiæ titulus accessit : hoc est cur ista voluptatis laudatio per-

XII. 1. *Inæquales.* Agités par des sentiments contradictoires.

2. *Inconvenientia.* Des choses contradictoires, incompatibles.

3. *Ructabundus.* Toutes ces images de la sensualité romaine sont empruntées au luxe de la table. De même, dans la contre-partie : *voluptas illa Epicuri, sicca et sobria.*

4. *Non ab Epicuro impulsi.* Sénèque commence ici cette justification d'Epicure qui remplira le chapitre XIII.

Tout le développement qui va suivre au sujet de cet abri commode que les principes épicuriens fournissent à la débauche, honteuse d'elle-même, est vraiment admirable; c'est une des plus belles pages du livre. Remarquer la richesse d'expressions et de métaphores par laquelle Sénèque développe cette pensée : *patrocinium, velamentum, inscriptio, titulus.*

5. *Erubescentiæ.* Haase : *adulescentiæ.*

niciosa sit, quia honesta præcepta intra latent, quod cor-
rumpit, apparet.

CAPUT XIII

1. In ea quidem ipse sentontia sum, invitis hoc nostris
popularibus[1] dicam, sancta Epicurum et recta præcipere
et, si propius accesseris, tristia[2] : voluptas enim illa ad
parvum et exile revocatur, et quam nos virtuti legem dicimus, eam ille dicit voluptati : jubet illam parere naturæ.
Parum est autem luxuriæ quod naturæ satis est.

2. Quid ergo est? [ille] quisquis desidiosum otium et
gulæ ac libidinis vices[3] felicitatem vocat; bonum malæ rei
quærit auctorem, et quum illo venit blando nomine in-
ductus, sequitur voluptatem non quam audit, sed quam
attulit, et vitia sua quum cœpit putare similia præceptis,
indulget illis non timide, nec obscure luxuriatur, sed jam
inde aperto capite. Itaque non dicam, quod plerique nostrorum, sectam Epicuri flagitiorum magistram esse, sed
illud dico : male audit[4], infamis est, et immerito.

3. Hoc scire quis potest, nisi interius admissus? Frons
ejus ipsa dat locum fabulæ et ad malam spem irritat.
Hoc tale est, quale vir fortis stolam[5] indutus. Constat tibi
pudicitia, virilitas[6] salva est, nulli corpus tuum turpi pa-

---

XIII. 1. *Popularibus.* Les gens de la
même secte aussi bien que les gens du
même pays. Il s'agit donc ici des Stoïciens.

2. *Tristia.* Il y a une véritable tristesse, une sorte de mélancolie au fond
de l'épicurisme; c'est le *surgit amari
aliquid.* Il semble cependant que *tristia* signifie plutôt ici *austères.* L'idée
principale de Sénèque, c'est qu'il y a
une discipline dans l'Épicurisme, mais
une discipline qui s'impose directement à la sensibilité elle-même, et non
à la volonté.

3. *Gulæ ac libidinis vices.* Ainsi expliqué par Bouillet dans l'édition Lemaire : « *Dum nempe post mensam
epulasque libidinatur, atque ubi libi-*
*dinari jam minus placet, instaurari
de novo epulas jubet.* »

4. *Male audit.* Elle a mauvaise réputation, elle est diffamée; et j'ajoute
que c'est à tort.

5. *Stolam.* Robe de femme, vêtement caractéristique de la matrone
romaine. Cette robe était fixée au
corps par deux ceintures, dont l'une
passait sous le sein, l'autre au-dessus
des hanches, de manière à présenter
entre ces deux liens qui le compri-
maient un grand nombre de petits
plis irréguliers, appelés *rugæ.* (Rich,
Dictionnaire des Antiquités.)

6. *Virilitas.* Bien préférable à *veri-
tas,* qui n'exprime qu'une idée vague.
Ce trait, comme les suivants, se rap-

tientiæ vacat, sed in manu tympanum[7] est. Titulus[8] itaque honestus eligatur, et inscriptio ipsa excitans animum, quæ statim [paratos ostendat ad abjicienda[9] cum quibus] venerunt vitia.

4. Quisquis ad virtutem accessit, dedit generosæ indolis specimen. Qui voluptatem sequitur, videtur enervis, fractus, degenerans virum, perventurus in turpia, nisi aliquis distinxerit illi voluptates, ut sciat, quæ ex eis intra naturale desiderium resistant, quæ in præceps ferantur infinitæque sint et, quo magis implentur, eo magis inexplebiles.

5. Agedum, virtus antecedat : tutum erit omne vestigium[10]. [Et] voluptas nocet nimia : in virtute non est verendum, ne quid nimium sit, quia in ipsa est modus[11]. Non est bonum, quod magnitudine laborat sua[12]. Rationabilem porro sortitis[13] naturam quæ melius res quam ratio proponitur? et si placet illa junctura, si hoc placet ad beatam vitam ire comitatu, virtus antecedat, comitetur voluptas et circa corpus[14], ut umbra, versetur. Virtutem quidem, excelsissimam omnium, voluptati tradere ancillam, nihil magnum animo capientis est.

porte aux Galles, prêtres de Cybèle, fameux par leur mollesse et leurs mœurs infâmes.

7. *Tympanum.* Tambourin analogue à celui dont s'accompagnent les danseurs espagnols. Il figure toujours dans les cérémonies du culte de Bacchus et de celui de Cybèle.

8. *Titulus.* C'était essentiellement un placard, attaché au bout d'un long bâton, et que des soldats portaient dans des triomphes pour apprendre à la foule le nombre des prisonniers, la quantité de butin, les noms des villes et des pays vaincus. Ici, *titulus* désigne le *drapeau* d'une école, ou plutôt la devise, quelquefois trompeuse, inscrite sur ce drapeau. Ainsi, les Épicuriens prêchaient la volupté, mais ils écrivaient sur leur drapeau : Vertu.

9. *Paratos ostendat ad abjicienda.* Tout ceci n'est qu'une conjecture. Koch se contente d'écrire, d'après les manuscrits : *quæ stat, invenerunt*

vitia; ce qui ne forme pas un sens.

10. *Tutum erit omne vestigium.* Elle donnera la sécurité à tout ce qui marchera sur ses traces.

11. *Quia in ipsa est modus.* Raisonnement analogue à une des preuves de l'immortalité de l'âme données dans le *Phédon.* Il n'est pas à craindre que l'âme subisse la mort; car elle est essentiellement *la vie*, l'idée même de la vie; et une idée ne peut admettre en elle son contraire. De même ici : il n'est pas à craindre que la vertu tombe dans l'excès, car elle porte en elle-même sa mesure; elle est essentiellement *la mesure.*

12. *Non est bonum quod magnitudine laborat sua.* De même, dans le *De Ira : non est bonum, quod incremento malum fit.*

13. *Sortitis.* Pour ceux qui ont reçu en partage.

14. *Corpus.* Il s'agit ici de la vertu, qui seule a une réalité substantielle.

CAPUT XIV

1. Prima virtus eat, hæc ferat signa[1] : habebimus nihilominus voluptatem, sed domini ejus et temperatores erimus. Aliquid nos exorabit, nihil coget. At ei, qui voluptati tradidere principia, utroque caruere : virtutem enim amittunt. Ceterum non ipsi voluptatem, sed ipsos voluptas habet, cujus aut inopia torquentur aut copia strangulantur[2], miseri, si deseruntur ab illa, miseriores, si obruuntur, sicut deprensi mari Syrtico[3] modo in sicco relinquuntur, modo torrente unda fluctuantur.

2. Evenit autem hoc nimia intemperantia, et amore cæco malæ rei. Nam mala pro bonis petenti, periculosum est assequi. Ut feras cum labore periculoque venamur, et captarum quoque illarum sollicita possessio est, sæpe enim laniant dominos : ita habent se magnæ voluptates : in magnum malum evasere, captæque cepere. Quæ quo plures majoresque sunt, eo ille minor ac plurium servus est, quem felicem vulgus appellat.

3. Permanere libet[4] in hac etiamnunc hujus rei imagine. Quemadmodum qui bestiarum cubilia indagat, et *laqueo captare feras* magno æstimat, et *latos canibus[5] circumdare saltus*, ut illarum vestigia premat, potiora deserit multisque officiis renuntiat : ita qui sectatur voluptatem, omnia postponit, et primam libertatem negligit,

---

XIV. 1. *Prima virtus eat, hæc ferat signa.* Que la vertu marche au premier rang, que ce soit elle qui porte l'étendard. Métaphore militaire qui se continue plus loin : *hi qui voluptati tradidere principia. Principia* désigne la partie la plus importante du camp, celle où se trouvaient la tente du général, les autels des dieux, les drapeaux et les trophées.

2. *Aut inopia torquentur, aut copia strangulantur.* Antithèse énergique : torturés par la privation, étouffés par l'abondance.

3. *Mari Syrtico.* La mer des Syrtes, formant aujourd'hui les golfes de Sidre et de Gabès.

4. *Permanere libet.* Nous avons vu plus haut dans la série des définitions du souverain bien : *libet et ita finire ut,* etc. Sénèque a conservé de son éducation oratoire cette tendance à développer ses idées sous plusieurs formes et à les orner de variations et d'arabesques.

5. *Laqueo captare... magnos canibus.* Virg., *Géorg.,* 1, 139-140.

ac pro ventre dependit, nec voluptates sibi emit, sed se voluptatibus vendit.

CAPUT XV

1. « Quid tamen, inquit, prohibet in unum virtutem » voluptatemque confundi [1], et ita effici summum bonum, » ut idem et honestum et jucundum sit? » Quia pars honesti non potest esse nisi honestum, nec summum bonum habebit sinceritatem suam [2], si aliquid in se viderit dissimile meliori.

2. Ne gaudium quidem quod ex virtute oritur, quamvis bonum sit, absoluti tamen boni pars est, non magis quam lætitia et tranquillitas, quamvis ex pulcherrimis causis nascantur. Sunt enim ista bona, sed consequentia summum bonum, non consummantia [3].

3. Qui vero voluptatis virtutisque societatem facit, et ne ex æquo quidem [4], fragilitate alterius boni quidquid in altero vigoris est hebetat, libertatemque illam ita demum, si nihil se pretiosius novit, invictam [5], sub jugum mittit. Nam, quæ maxima servitus est, incipit illi opus esse fortuna. Sequitur vita anxia, suspiciosa, trepida, casum pavens, temporum suspensa momentis [6].

XV. 1. *In unum confundi.* L'adversaire de Sénèque, en proposant cette nouvelle formule, où il ne s'agit plus simplement d'union entre la vertu et le plaisir (voir plus haut : *junctura, comitatus*), mais de fusion entre ces deux choses, abandonne la doctrine d'Épicure pour celle d'Aristote.

2. *Sinceritatem suam.* Sa pureté. Il ne doit point y avoir d'alliage dans le souverain bien; il faut que les éléments y soient de même nature que le tout.

3. *Consequentia, non consummantia.* Cette formule exprime d'une manière très heureuse la différence entre la conception d'Aristote et celle des Stoïciens. D'après Aristote, le plaisir s'ajoute à l'acte, comme la fleur de la jeunesse s'ajoute à l'âge heureux qu'elle anime; mais la fleur de la jeu-

nesse est inséparable de la jeunesse elle-même, et la joie est inséparable de la vertu; elle en est une partie accessoire, mais intégrante. D'après Sénèque, au contraire, la joie peut être, dans certains cas, une conséquence de la vertu, elle n'est jamais enveloppée dans son essence.

4. *Et ne ex æquo quidem.* Sans même les égaliser, c'est-à-dire les placer sur le même rang.

5. *Ita demum... invictam.* Qui ne garde sa force, sa dignité, son indépendance, qu'à la condition de ne rien reconnaître au-dessus d'elle.

6. *Temporum suspensa momentis.* Haase : *temporum suspensa momenta sunt.* Cette leçon a l'inconvénient de briser la phrase et de détruire l'harmonie d'une belle période.

4. Non das virtuti fundamentum grave, immobile, si jubes illam in loco volubili stare[7]. Quid autem tam volubile est, quam fortuitorum exspectatio et corporis rerumque corpus afficientium varietas? Quomodo hic potest Deo parere, et quidquid evenit bono animo excipere, nec de fato queri, casuum suorum benignus interpres[8], si ad voluptatum dolorumque punctiunculas[9] concutitur? Sed nec patriæ quidem bonus tutor aut vindex[10] est, nec amicorum propugnator, si ad voluptates vergit.

5. Illo ergo summum bonum escendat, unde nulla vi detrahatur, quo neque dolori, neque spei, neque timori sit aditus, nec ulli rei quæ deterius summi boni jus faciat. Escendere autem illo sola virtus potest; illius gradu clivus iste frangendus[11] est. Illa fortiter stabit et quidquid evenerit feret, non patiens tantum, sed etiam volens[12], omnemque temporum difficultatem sciet legem esse naturæ, et, ut bonus miles feret vulnera, enumerabit cicatrices, et transverberatus telis moriens amabit eum, pro quo cadet, imperatorem, habebit[13] illud in animo vetus præceptum : deum sequere[14].

6. Quisquis autem queritur, et plorat, et gemit, imperata facere vi cogitur, et invitus rapitur ad jussa nihilominus[15]. Quæ autem dementia est potius trahi quam sequi? tam me hercules quam stultitia et ignoratio con-

---

7. *In loco volubili stare.* Allusion à la roue de la fortune.

8. *Casuum suorum benignus interpres.* Familièrement: qui sait prendre les choses du bon côté.

9. *Punctiunculas.* Petites piqûres, petites meurtrissures.

10. *Patriæ tutor aut vindex.* Qui protège la patrie florissante ou qui venge la patrie abattue.

11. *Clivus frangendus,* i. e. *molliendus.* Une marche décidée fait paraitre la pente plus douce. On peut encore expliquer cette expression d'une manière plus directe. Qu'on se représente un col de montagne où la pente a toute sa raideur : le gravir d'un pas ferme, c'est comme si on l'abattait par la hache.

12. *Non patiens tantum, sed etiam volens.* Il n'y faut pas seulement la résignation, mais le bon cœur. Ainsi, d'après Kant, la vertu achevée ne consiste pas seulement à accomplir le devoir, mais à l'aimer. Après la rigidité de l'effort, la grâce de la vraie et parfaite liberté.

13. *Et, ut bonus miles feret vulnera... habebit.* Cette ponctuation, donnée par les meilleures éditions, conservée par Haase, est la seule qui donne à la phrase un sens clair et une construction harmonieuse. *Et* se rapporte à *habebit. Ut bonus miles feret... enumerabit... amabit...* est une sorte de parenthèse.

14. *Deum sequere;* ἔπου θεῷ. Un des préceptes fondamentaux du stoïcisme.

15. *Rapitur ad jussa nihilominus.* Cf. *Ep.* cvii :
Ducunt volentem fata, nolentem trahunt.

ditionis est suæ dolere, quod deest aliquid tibi aut incidit durius, æque mirari aut indigne ferre ea, quæ tam bonis accidunt quam malis, morbos dico, funera, debilitates et cætera ex transverso in vitam humanam incurrentia.

7. Quidquid ex universi constitutione [16] patiendum est, magno suscipiatur animo [17]. Ad hoc sacramentum adacti sumus, ferre mortalia nec perturbari iis, quæ vitare non est nostræ potestatis. In regno [18] nati sumus. Deo parere libertas est [19].

CAPUT XVI

1. Ergo in virtute posita est vera felicitas. Quid hæc tibi [virtus] suadebit? ne quid aut bonum aut malum existimes, quod nec virtute nec malitia continget; deinde, ut sis immobilis et contra malum et ex bono, ut qua fas est, deum effingas [1].

2. Quid tibi pro hac expeditione promittit? ingentia et æqua divinis. Nihil cogeris [2], nullo indigebis, liber eris, tutus, indemnis. Nihil frustra tentabis, nihil prohiberis.

16. *Ex universi constitutione.* L'optimisme des Stoïciens consistait à croire que toutes les choses qui nous apparaissent comme mauvaises sont réellement bonnes, en tant que liées à la constitution générale de l'univers.

17. *Magno suscipiatur animo.* C'est la leçon, très simple, de Haase. Celle qui se trouve dans plusieurs autres éditions, par exemple dans l'édition Lemaire, mérite néanmoins d'être expliquée. *Magno nisu eripiatur animo :* qu'un grand effort en arrache à notre âme la résolution.

18. *In regno.* Ce royaume, c'est la cité de Jupiter.

19. *Parere Deo, libertas est.* La même idée se retrouve dans la philosophie de Spinosa. Cette conception de la liberté est, d'ailleurs, la seule qui soit possible dans la plupart des systèmes panthéistiques. En effet, dès que l'on considère l'ordre du monde comme absolument fixé, et la volonté humaine comme impuissante à y introduire aucun changement, le libre arbitre devient une chose purement subjective, renfermée dans le cercle de la pensée et réduite à l'assentiment intérieur que l'on accorde ou que l'on refuse. Etre libre, c'est se résigner à l'ordre réel du monde, parce qu'il est nécessaire, et l'aimer, parce qu'il est excellent; être esclave, c'est se révolter inutilement contre ce même ordre et n'arriver qu'à sentir son isolement et sa faiblesse.

XVI. 1. *Ut, qua fas est, deum effingas. Deum effingere ;* réaliser Dieu en soi-même par le bon usage de la volonté. Il semble que pour les Stoïciens, comme pour les Hégéliens, Dieu n'existe réellement que dans la raison affranchie du sage. — *Qua fas est,* tous ont également le devoir de s'élever à la perfection divine; mais tous ne peuvent pas y atteindre par la même voie.

2. *Nihil cogeris.* Suit toute la série des *paradoxes* stoïciens : le sage seul est heureux, le sage est libre, le sage est roi.

Omnia tibi ex sententia cedent. Nihil adversum accidet, nihil contra opinionem ac voluntatem.

3. Quid ergo? virtus ad beate vivendum sufficit? Perfecta illa et divina quidni sufficiat, immo superfluat? Quid enim deesse potest extra desiderium omnium posito? quid extrinsecus opus est ei, qui omnia sua in se collegit? Sed ei qui ad virtutem tendit, etiamsi multum processit, opus est aliqua fortunæ indulgentia[3] adhuc inter humana luctanti, dum nodum illum exsolvit et omne vinculum mortale. Quid ergo interest? quod alii alligati sunt, alii adstricti, alii destricti[4] quoque : hic qui ad superiora progressus est et se altius extulit laxam catenam trahit, nondum liber, jam tamen pro libero.

CAPUT XVII

1. Si quis itaque ex istis, qui philosophiam collatrant, quod solent, dixerit[1] : « Quare ergo tu fortius loqueris » quam vivis? Quare et superiori verba summittis, et pe- » cuniam necessarium tibi instrumentum existimas, et » damno moveris, et lacrimas, audita conjugis aut amici » morte[2], demittis, et respicis famam, et malignis ser- » monibus tangeris? »

3. *Sed ei qui ad virtutem tendit opus est aliqua fortunæ indulgentia.* C'est la transition signalée dans la *Notice.* De la rigueur absolue des principes stoïciens, nous passons brusquement aux indulgences et aux accommodements de la pratique. — Voir un parallèle analogue entre l'homme vertueux et l'homme qui ne fait encore qu'aspirer à la vertu dans la lettre LXXI : « *Inchoatus, et ad summa procedens cultorque virtutis, etiam si appropinquat perfecto bono, sed ei nondum summam manum imposuit, ibi interim cessabit, et remittet aliquid ex intentione mentis : nondum enim incerta transgressus est; etiam nunc versatur in lubrico. Beatus vero, et virtutis exactæ,* etc. »

4. *Destricti.* Il y en a aussi qui sont libres de toute chaîne. Les anciennes éditions portent : *districti,* ainsi expliqué par J. Lipse : *alligati vox mollius vinculum; adstricti, arctius; districti, multiplex designat.*

XVII. 1. *Quod solent dixerit.* Il est facile de voir, par la comparaison des lignes suivantes avec les passages de Tacite ou de Dion Cassius qui ont été cités dans la *Notice,* que ces accusations retentissaient exactement celles qui retentissaient chaque jour aux oreilles de Sénèque.

2. *Audita conjugis morte.* Quelques lignes plus loin : *quare uxor tua...* Voilà deux passages qui montrent bien que ces accusations s'adressaient personnellement à Sénèque. On y trouve, en effet, surtout si l'on considère l'ordre dans lequel ils se présentent, une allusion bien claire aux deux femmes de Sénèque.

2. « Quare cultius rus tibi est quam naturalis usus desi-
» derat? cur non ad præscriptum tuum cœnas? cur tibi
» nitidior supellex est? cur apud te vinum ætate tua ve-
» tustius bibitur? cur arvum disponitur? cur arbores
» nihil præter umbram daturæ conseruntur? quare uxor
» tua locupletis domus censum auribus gerit? quare pæ-
» dagogium[3] pretiosa veste succingitur? quare ars est
» apud te ministrare, nec temere et ut libet collocatur
» argentum, sed perite struitur et est aliquis scindendi
» obsonii magister? »

3. Adjice, si vis : « Cur trans mare possides[4]? cur plura
» quam nosti? Turpiter aut tam negligens es, ut non no-
» veris pauculos servos, aut tam luxuriosus, ut plures
» habeas quam quorum notitiæ memoria sufficiat? »
Adjuvabo postmodo : convicia et plura mihi quam putas
objiciam : nunc hoc respondeo tibi : Non sum sapiens, et,
ut malevolentiam tuam pascam, nec ero.

4. Exigo itaque a me[5], non ut optimis par sim, sed ut
malis melior[6] : hoc mihi satis est, quotidie aliquid ex
vitiis meis demere et errores meos objurgare. Non perveni
ad sanitatem, ne perveniam quidem. Delenimenta magis
quam remedia podagræ meæ compono, contentus, si rarius
accedit et si minus verminatur. Vestris quidem pedibus
comparatus, debiles, cursor sum[7]. Hæc non pro me loquor, ego enim in alto vitiorum omnium sum, sed pro
illo cui aliquid acti est.

---

3. *Pædagogium.* On appelait ainsi, dans les grandes maisons romaines, une sorte d'école où de jeunes esclaves, soigneusement séparés de tous les autres, étaient élevés pour faire le service de pages.

4. *Cur trans mare possides.* Sénèque possédait, en effet, des propriétés jusque dans les pays les plus lointains : en Sicile, en Espagne, en Libye.

5. *Exigo itaque a me.* Koch, de même que Haase, écrit *exige.* *Exigo* nous paraît absolument réclamé par toute la suite du texte, par tout le développement de la pensée.

6. *Sed ut malis melior.* Cela ne suffit pas pour un homme qui prêche une

morale absolue, et, avec son école, soutient entre autres thèses qu'il n'y a point de degrés dans le mal et que Qui ne monte au sommet tombe au plus [bas degré.

7. *Debiles, cursor sum.* Koch a repris, très judicieusement, à notre avis, ce texte donné déjà dans plusieurs éditions antérieures. Haase propose : *debilis cursor sum.* Mais on a peine à comprendre que Sénèque se compare à ses ennemis pour leur dire simplement : je suis un *faible* coureur; et ce qui rend cela plus étrange, c'est qu'il se hâte d'ajouter, comme s'il craignait d'être allé trop loin : *Hæc non pro me loquor;* ce n'est pas pour moi que je dis cela.

CAPUT XVIII

1. « Aliter, inquit, loqueris, aliter vivis. » Hoc, malignissima capita [1] et optimo cuique inimicissima, Platoni objectum est, objectum Epicuro, objectum Zenoni [2]. Omnes enim isti dicebant non quemadmodum ipsi viverent, sed quemadmodum esset [ipsis] vivendum. De virtute, non de me loquor, et quum vitiis convicium facio, in primis meis facio : quum potuero [3], vivam quomodo oportet.

2. Nec malignitas me ista multo veneno tincta deterrebit ab optimis. Ne virus quidem istud, quo alios spargitis, quo vos necatis, me impediet, quo minus perseverem laudare vitam, non quam ago, sed quam agendam scio, quo minus virtutem adorem et ex intervallo ingenti reptabundus sequar.

3. Exspectabo scilicet, ut quidquam malevolentiæ inviolatum sit, cui sacer nec Rutilius [4] fuit nec Cato? Curet aliquis an istis nimis dives videatur, quibus Demetrius Cynicus [5] parum pauper est? Virum acerrimum, et contra

XVIII. 1. *Capita.* Ce mot n'est pas pris ici dans un sens indéterminé et comme simple synonyme du mot *homines;* il y a évidemment la nuance de têtes dures, esprits obstinés.

2. *Objectum Zenoni.* Ceci n'est pas exact. Diogène Laërce nous raconte qu'après la mort de Zénon, les Athéniens rendirent un décret pour ériger un tombeau à ce philosophe. Dans l'éloge qui accompagne le décret on lit les paroles suivantes : Il n'a cessé d'exhorter à la vertu et à la sagesse les jeunes gens qui venaient l'entendre, et, *joignant la pratique aux discours,* il a offert à tous les yeux le modèle parfait *d'une vie conforme en tout à sa doctrine.* (Diogène Laërce, trad. Zévort.)

3. *Quum potuero.* Bien qu'on doive apprécier avec une certaine sévérité la doctrine contenue dans toutes ces pages, il ne faudrait point exagérer le caractère dilatoire de cette parole.

Sénèque veut dire : quand je m'y serai suffisamment préparé par des progrès successifs.

4. *Rutilius.* P. Rutilius Rufus, personnage dont il est question dans le *De Providentia* et au ch. xxii de la *Consolation à Marcia.* Accusé faussement de concussion, il fut condamné à l'exil, et, par respect pour la loi qui le frappait, ne voulut pas revenir à Rome où il était rappelé par Sylla.

5. *Demetrius Cynicus.* Il est également question de ce philosophe dans le *De Providentia,* ainsi que dans le *De Beneficiis* et dans quelques-unes des lettres à Lucilius. Sénèque avait pour lui la plus grande admiration; il lui adresse, dans l'ép. LXII, un éloge qu'il ne mérite certainement pas lui-même : *Demetrius noster sic vixit, non tanquam contempserit omnia, sed tanquam aliis habenda permiserit.* »

omnia naturæ desideria pugnantem, hoc pauperiorem
quam ceteros Cynicos, quod, quum sibi interdixerit habere, interdixit et poscere, negant satis egere! Vides
enim? non virtutis scientiam, sed egestatis professus est.

CAPUT XIX

1. Diodorum, Epicureum[1] philosophum, qui intra paucos dies[2] finem vitæ suæ manu sua imposuit, negant ex
decreto Epicuri fecisse, quod sibi gulam præsecuit. Alii
dementiam[3] videri volunt factum hoc ejus, alii temeritatem. Ille interim beatus, ac plenus bona conscientia,
reddidit sibi testimonium vita excedens, laudavitque ætatis in portu et ad ancoram actæ[4] quietem et dixit, quod
vos inviti audistis, quasi vobis quoque faciendum sit :

« *Vixi et quem dederat cursum fortuna peregi[5].* »

2. De alterius vita, de alterius morte disputatis, et ad
nomen magnorum ob aliquam eximiam laudem virorum,
sicut ad occursum ignotorum hominum minuti canes, la-
tratis. Expedit enim vobis neminem videri bonum, quasi
aliena virtus exprobratio delictorum omnium sit. Invidi[6]
splendida cum sordibus vestris confertis, nec intelligitis
quanto id vestro detrimento audeatis. Nam si illi, qui virtutem sequuntur, avari, libidinosi, ambitiosique sunt, quid
vos estis, quibus ipsum nomen virtutis odio est?

3. Negatis quemquam præstare quæ eloquitur, nec ad
exemplar orationis suæ vivere. Quid mirum, quum lo-
quantur fortia, ingentia, omnes humanas tempestates

XIX. 1. *Diodorum Epicureum.* Philosophe de peu d'importance, et dont
il n'est question dans aucun autre
passage.
2. *Intra paucos dies.* Il y a quelques
jours seulement.
3. *Dementiam.* Acte de folie, éga-
rement d'esprit. *Temeritatem.* Acte
d'irréflexion et d'effervescence, coup
de tête.
4. *Ætatis in portu et ad ancoram*

actæ. Image plus belle que la comparaison bien connue : sortir de la vie
comme d'une chambre pleine de fu-
mée. Elle présente le suicide comme
un acte essentiellement réfléchi par
lequel le sage met fin à l'épreuve de
la vie, quand il a conscience d'avoir
rempli son devoir, en s'attachant à la
sagesse et en échappant aux passions.
5. *Peregi.* Virg., *Æneid.*, iv, 653.
6. *Invidi.* Très préférable à *inviti.*

evadentia? quum refigere se crucibus conentur[7], in quas unusquisque vestrum clavos suos ipse adigit? Ad supplicium tamen acti stipitibus singulis pendent : hi qui in se ipsi animum advertunt, quot cupiditatibus tot crucibus distrahuntur, at maledici et in alienam contumeliam venusti sunt[8]. Crederem illis hoc vacare, nisi quidam ex patibulo suo spectatores conspuerent[9].

CAPUT XX

1. « Non præstant philosophi quæ loquuntur[1]. » Multum tamen præstant, quod loquuntur, quod honesta[2] mente concipiunt. Utinam quidem [si] et paria dictis agerent! quid esset illis beatius? Interim non est quod contemnas bona verba et bonis cogitationibus plena præcordia. Studiorum salutarium[3] etiam citra effectum[4] laudanda tractatio est.

7. *Quum refigere se crucibus conentur...* Passage excessivement tourmenté et obscur, dont le sens général paraît être que, si les philosophes ne peuvent conformer entièrement leur conduite à leur idéal, c'est qu'ils sont attachés à des croix (c'est-à-dire à des passions) dont ils ne peuvent, malgré leurs efforts, s'arracher entièrement, tandis que leurs envieux semblent prendre à tâche de s'y fixer eux-mêmes. Sénèque ajoute que ces envieux, bourreaux de leur propre conscience, sont plus malheureux que les condamnés ordinaires ; car ce n'est pas à un seul gibet qu'ils sont suspendus, c'est à plusieurs.

8. *Venusti sunt.* Ils font les beaux esprits.

9. *Crederem... conspuerent.* On dirait que c'est un plaisir qu'ils se donnent, si l'on ne savait que quelquefois des suppliciés, du haut de leurs gibets, crachent sur ceux qui les regardent.

XX. 1. *Non præstant philosophi quæ loquuntur.* Ici, et au début de quelques-uns des chapitres suivants, Sénèque reprend, pour les examiner à part, les principales objections de ses détracteurs.

2. *Honesta* ne se rapporte pas à *mente.* C'est le pluriel neutre.

3. *Studiorum salutarium.* Ce sont les études philosophiques et morales, les seules, dit Platon, qui nous préparent à bien soutenir le grand combat de la vie.

4. *Etiam citra effectum laudanda tractatio est.* Ces mots cachent un piège, une transition sophistique. En effet, s'ils se rapportaient vraiment à un effort pratique vers la réalisation de la vertu, la pensée serait incontestablement juste. Il est méritoire de s'exercer à la vertu, même si l'on n'atteint pas à un succès complet. Toutes les expressions et toutes les images qui suivent sont calculées de manière à faire dévier la pensée dans ce sens. Mais, en réalité, comme l'indiquent toutes les lignes précédentes, *tractatio* a un sens purement théorique ; il ne se rapporte qu'à de belles pensées et à de beaux discours sur la vertu, et, par suite, *citra effectum* ne signifie réellement que : *sans passer à l'action.* Sénèque essaie donc de nous

2. Quid mirum, si non escendunt in altum, ardua aggressi? Sed si vir es[5], suspice, etiamsi decidunt, magna conantes. Generosa res est respicientem non ad suas, sed ad naturæ suæ vires, conari alta tentare[6], et mente majora concipere, quam quæ etiam ingenti animo adornatis effici possunt.

3. Qui sibi hoc proposuit[7] : « Ego mortem eodem vultu comœdiamque videbo[8]; ego laboribus, quanticunque illi erunt, parebo animo fulciens corpus. Ego divitias et præsentes et absentes æque contemnam, nec si aliubi jacebunt[9], tristior, nec si circa me fulgebunt, animosior. Ego fortunam nec venientem sentiam nec recedentem. Ego terras omnes tanquam meas videbo, meas tanquam omnium. Ego sic vivam quasi sciam aliis me natum[10] et naturæ rerum hoc nomine gratias agam. Quo enim melius genere negotium meum agere potuit? Unum me donavit omnibus, uni mihi omnes[11].

faire croire, à l'aide d'une confusion habile d'expressions, que l'homme qui écrit brillamment ou qui pense ingénieusement sur la vertu peut être assimilé à l'homme qui s'y exerce d'une manière pratique ; et que trouver dans son cœur, ou peut-être dans son imagination, de belles pensées sur la vertu équivaut à s'approcher de la vertu elle-même. C'est la grande erreur morale de ce livre; nous l'avons signalée dans la *Notice;* il fallait la rappeler ici.

5. *Si vir es.* Variante : *viros.*

6. *Conari alta tentare.* On écrit habituellement : *conari alta, tentare,* ou bien : *conari, alta tentare.* Vahlen, dans sa *Préface* à l'édition de Koch, propose de supprimer cette virgule. Il nous semble que c'est à juste titre; *tentare* n'est pas ici un simple synonyme de *conari;* il signifie s'attaquer à, escalader, gravir.

7. *Qui sibi proposuit.* Suit un brillant résumé de toutes les résolutions, de toutes les maximes dont se compose l'idéal moral des Stoïciens. A la suite de ce résumé, la phrase, restée en suspens, sera reprise, avec un changement de forme et de temps, à *qui hæc facere proponet.*

8. *Mortem eodem vultu comœdiamque videbo.* J'aurai, en voyant approcher la mort, un visage aussi impassible qu'en assistant à une comédie. Gertz : *cum audiam quo.* Haase : *cum quo audiam.* Je verrai approcher ma propre mort avec autant d'impassibilité que si j'entendais raconter la mort d'un autre.

9. *Si aliubi jacebunt.* Si je les vois dans d'autres mains qui n'en font aucun usage ou un usage mauvais.

10. *Quasi sciam me aliis natum.* La même idée dans Lucain :

Nec sibi, sed toti genitum se credere
                 [mundo.

11. *Unum me omnibus, mihi uni omnes.* La pensée précédente se rapportait à la charité; celle-ci se rapporte à la solidarité humaine, à la fraternité universelle, conçue pour la première fois par les Stoïciens. *Chacun pour tous, tous pour chacun.* Sénèque a développé souvent cette pensée. Voir, par exemple, la lettre XCV: *Omne hoc, quod vides, quo divina atque humana conclusa sunt, unum est. Membra sumus corporis magni. Natura nos cognatos edidit, quum ex iisdem et in eadem gigneret. Hæc nobis amorem indidit mutuum, et sociabiles fecit... In commune nati sumus. Societas nostra lapidum fornicationi simillima est; quæ casura, nisi invicem obstarent, hoc ipso sustinetur.*

4. Quidquid habebo, nec sordide custodiam nec prodige spargam. Nihil magis possidere me credam quam bene donata. Non numero nec pondere beneficia, nec ulla nisi accipientis æstimatione, perpendam. Nunquam id mihi multum erit, quod dignus accipiet. Nihil opinionis causa, omnia conscientiæ faciam. Populo spectante fieri credam quidquid me conscio faciam.

5. Edendi mihi erit bibendique finis desideria naturæ restinguere, non implere alvum et exinanire[12]: Ero amicis jucundus, inimicis mitis et facilis. Exorabor antequam roger, honestis precibus occurram. Patriam meam esse mundum[13] sciam et præsides deos. Hos supra me circaque me stare, factorum dictorumque censores. Quandoque aut natura spiritum repetet aut ratio dimittet[14], testatus exibo bonam me conscientiam amasse, bona studia, nullius per me libertatem deminutam, minime meam[15]. »

5. Qui hæc facere proponet, volet, tentabit, ad deos iter faciet : næ ille, etiamsi non tenuerit[16], *magnis tamen excidet ausis*[17]. Vos quidem, quod virtutem cultoremque ejus odistis, nihil novi facitis. Nam et solem lumina ægra formidant et aversantur diem splendidum nocturna animalia, quæ ad primum ejus ortum stupent et latibula sua passim petunt, abduntur in aliquas rimas, timida

12. *Et exinanire.* Les allusions à cette odieuse coutume des Romains sont fréquentes dans les écrits de Sénèque, lettre XVIII : *Ebrio ac vomitante populo.* Consolation à Helvia : *Quod dissolutus deliciis stomachus vix admittat, ab ultimo portatur Oceano. Vomunt ut edant, edunt ut vomant; et epulas, quas toto orbe conquirunt, nec concoquere dignantur.*

13. *Patriam esse mundum sciam.* Autre idée introduite par les Stoïciens, le cosmopolitisme. Cicéron, s'inspirant du stoïcisme, a dit : « *Civis sum totius mundi.* » — De même, Épictète : « De quel pays es-tu? Ne réponds pas : Je suis d'Athènes ou de Corinthe; mais comme Socrate : Je suis du monde. » Si l'on donne à la parole dont nous nous occupons un sens plus large encore, on y retrouve

la sublime pensée de Marc-Aurèle : « O monde, j'aime ce que tu aimes. Donne-moi ce que tu veux; reprends-moi ce que tu récuses. Tout ce qui t'accommode m'accommode moi-même. Tout vient de toi; tout est en toi; tout rentre en toi. Un personnage de théâtre dit : Bien-aimée cité de Cécrops! et moi, ne dirai-je point : Bien-aimée cité de Jupiter! »

14. *Aut natura spiritum repetet aut ratio dimittet.* La mort naturelle et la mort volontaire.

15. *Minime meam.* Variante : *a nemine meam.* Je n'ai porté atteinte à la liberté de personne; je n'ai laissé personne entamer la mienne.

16. *Etiam si non tenuerit* : s.-ent. *cursum* ou *iter.*

17. *Magnis tamen excidet ausis.* Ovide, *Metam.*, 1, 328.

lucis. Gemite et infelicem linguam bonorum exercete convicio, hiate, commordete: citius multo frangetis dentes quam imprimetis [18].

CAPUT XXI

1. « Quare ille philosophiæ studiosus est, et tamen dives
» vitam agit? quare opes contemnendas dicit, et habet?
» vitam contemnendam putat, et tamen vivit? valetu-
» dinem contemnendam, et tamen illam diligentissime
» tuetur, atque optimam mavult? Et exsilium nomen
» vanum putat [1], et ait : Quid enim est mali, mutare re-
» giones? et tamen, si licet, senescit in patria? Et inter
» longius tempus et brevius nihil interesse judicat [2], et
» tamen, si nihil prohibet, extendit ætatem, et in multa
» senectute placidus viret? »

2. Ait ista debere contemni, non, ne habeat, sed ne sollicitus habeat. Non abigit illa a se, sed abeuntia securus prosequitur. Divitias quidem ubi tutius fortuna deponet quam ibi, unde sine querela reddentis receptura est?

3. M. Cato [3] quum laudaret Curium et Coruncanium [4],

18. *Citius multo frangetis dentes quam imprimetis.* Fable du *Serpent et de la Lime*, dans Esope, Phèdre et La Fontaine.

XXI. 1. *Et exsilium vanum nomen putat.* Voir particulièrement la *Consolation à Helvia*, ch. VI-IX. « *Carere patria intolerabile est.* » *Adspice agedum hanc frequentiam, cui vix urbis immensæ tecta sufficiunt : maxima pars illius turbæ patria caret. — Usque eo commutatio locorum gravis non est, ut hic quoque locus a patria quosdam abduxerit. — Assiduus humani generis discursus est; quotidie aliquid in tam magno orbe mutatur. Nova urbium fundamenta jaciuntur; nova gentium nomina, exstinctis prioribus, aut in accessionem validioris conversis, oriuntur. Omnes autem istæ populorum transportationes, quid aliud quam publica exsilia sunt?*

2. *Et inter longius tempus et brevius nihil interesse judicat.* Ep. XCVIII : *Hic pluribus annis vixit, hic paucio-* ribus : nihil interest, si tam illum multi anni beatum fecerunt quam hunc pauci. Ep. XCIII : Non ut diu vivamus curandum est, sed ut satis. Nam, ut diu vivas, fato opus est; ut satis, animo. Longa est vita, si plena est; impletur autem, quum animus sibi bonum suum reddidit, et ad se potestatem sui transtulit. Quid illum octoginta anni juvant per inertiam exacti? Non vixit iste, sed in vita moratus est; nec sero mortuus est, sed diu. — At ille obiit viridis! — Sed officia boni civis, boni amici, boni filii exsecutus est; in nulla parte cessavit. Licet ejus ætas imperfecta sit, perfecta est.*

3. *M. Cato.* C'est Caton d'Utique. L'intention de Sénèque, en l'introduisant ici, c'est de se couvrir de son exemple. De là le soin qu'il met à établir l'importance considérable de sa fortune, eu égard au temps où il a vécu.

4. *Curius et Coruncanius.* Personnages célèbres par leur frugalité.

et illud seculum in quo censorium crimen erat paucæ argenti lamellæ, possidebat ipse quadragies sestertium, minus sine dubio quam Crassus, plus tamen quam Censorius Cato. Majore spatio, si comparentur, proavum vicerat, quam a Crasso vinceretur, et, si majores illi obvenissent opes, non sprevisset.

3. Nec enim se sapiens indignum ullis muneribus fortuitis putat. Non amat divitias, sed mavult[5]. Non in animum illas, sed in domum recipit. Nec respuit possessas, sed continet et majorem virtuti suæ materiam subministrari vult.

CAPUT XXII.

1. Quid autem dubii est, quin hæc major materia sapienti viro sit animum explicandi suum[1] in divitiis quam in paupertate, quum in hac unum genus virtutis sit non inclinari nec deprimi[2], in divitiis et temperantia, et diligentia[3], et dispositio, et magnificentia campum habeat patentem.

2. Non contemnet se sapiens, etiamsi fuerit minimæ staturæ, esse tamen se procerum volet[4]. Et exilis corpore

---

5. *Non amat, sed mavult.* Ici commence l'exposition de la théorie des προηγμένα, des *producta.* Voir la *Notice* et l'*Appendice.*

XXII. 1. *Major materia animum explicandi suum.* On va voir que, dans cette apologie de la richesse, Sénèque substitue à l'idée de la *tension,* impliquant surtout la peine, l'effort et la lutte, celle de la *dilatation.* Au point de vue des vrais principes stoïciens, la pauvreté offre à la vertu une plus ample matière, puisqu'elle permet à l'âme de se tendre au plus haut degré dans l'exercice de la patience et de la résignation; Sénèque lui-même a développé plusieurs fois cette idée; mais, au point de vue de la manifestation variée des aptitudes et des qualités de l'âme, il est évident que la richesse devient préférable. Dans toute cette seconde partie, Sénèque ne considère plus les choses que sous ce nouvel aspect.

2. *Non inclinari nec deprimi. Inclinari* désigne l'abaissement moral, la tentation de plier, de faire des bassesses; *deprimi* désigne le découragement. Ce sont les deux formes de la *détente* de l'âme.

3. *Diligentia* désigne les vertus relatives à l'acquisition des richesses, l'ardeur au travail, l'économie, l'épargne; *dispositio* se rapporte au bon emploi de la fortune, à l'heureuse distribution qu'on en fait dans une vie bien ordonnée; *magnificentia* désigne le luxe légitime, éclairé et de bon goût.

4. *Tamen se procerum volet; malet sibi esse corporis robur.* La lettre XCII nous présente une explication ingénieuse du motif qui détermine le sage dans le choix des choses préférables.

[ac amisso oculo [5]] valebit, malet tamen sibi esse corporis robur, et hoc ita, ut sciat esse aliud in se valentius [6]. Malam valetudinem tolerabit, bonam optabit.

3. Quædam enim, etiamsi in summam rei parva sunt, [ut] et subduci sine ruina principalis boni possint [7], adjiciunt tamen aliquid ad perpetuam lætitiam ex virtute nascentem. Sic illum afficiunt divitiæ et exhilarant, ut navigantem secundus et ferens ventus, ut dies bonus et in bruma ac frigore apricus locus.

4. Quis porro sapientium, nostrorum dico, quibus unum est bonum virtus, negat etiam hæc, quæ indifferentia [8] vocamus, habere in se aliquid pretii et alia aliis esse potiora? Quibusdam ex iis tribuitur aliquid honoris, quibusdam multum. Ne erres itaque, inter potiora divitiæ sunt [9].

5. « Quid ergo, inquis, me derides, quum eumdem

Il les choisit pour exercer son discernement, et ce qu'il aime en elles, c'est uniquement la sagesse de son choix. *Quidni bonam valetudinem, et quietem, et dolorum vacationem petam? Non quia bona sunt, sed quia secundum naturam sunt, et quia bono a me judicio sumentur. Quod erit nunc in illis bonum? Hoc unum, bene eligi. Nam quum vestem, qualem decet, sumo, quum ambulo ut oportet, quum cœno quemadmodum debeo; non cœna aut ambulatio aut vestis bona sunt, sed meum in his propositum, servantis in quaque re rationi convenientem modum. Etiam nunc adjiciam: mundæ vestis electio appetenda est homini; natura enim homo mundum et elegans animal est. Itaque non est bonum per se munda vestis, sed mundæ vestis electio; quia non in re bonum est, sed in electione... Quod de veste dixi, idem me dicere de corpore existima. Nam hoc quoque natura, ut quamdam vestem, animo circumdedit; velamentum eius est. Ergo de corpore quoque idem tibi respondeo: sumpturum quidem me, si detur electio, et sanitatem et vires; bonum autem futurum judicium de illis meum, non ipsa.*

5. *Ac amisso oculo* Conjecture douteuse. Koch observe que, dans le manuscrit de Milan, *oculo* ou peut-être *sculo* est précédé d'une lacune de trois ou quatre lettres seulement.

6. *Ita ut sciat aliquid esse in se valentius.* Tout en n'ignorant pas qu'il

y a en lui une force supérieure à celle du corps.

7. *Ut et subduci... possint.* Koch et Haase écrivent: *[ait] et... possint.* — La leçon que nous avons adoptée est donc une conjecture très voisine du texte et très simple.

8. *Indifferentia.* Ἀδιάφορα. Nous n'insistons pas sur cette théorie, qui est exposée en détail dans la *Notice* et dans l'*Appendice*.

9. *Ne erres, inter potiora sunt divitiæ.* Sénèque a dit bien souvent le contraire, et la liste des passages où il met la pauvreté au-dessus des richesses serait assez longue. Contentons-nous de quelques indications. Il dit dans la lettre XX: C'est une grande chose que de rester pauvre au milieu des richesses; mais le plus sûr, c'est encore de n'en point avoir: *Magnus ille, qui in divitiis pauper est; sed securior, qui caret divitiis.* Ailleurs (lettre LXXX), il compare la gaieté du pauvre aux soucis du riche: *Si vis scire quam nihil in paupertate mali sit, compara inter se pauperum et divitum vultus. Sæpius pauper et fidelius ridet; nulla sollicitudo in alto est; etiam si qua incidit cura, velut nubes levis transit. Horum, qui felices vocantur, hilaritas ficta est aut gravis et suppurata tristitia; eo quidem gravior, quia interdum non licet palam esse miseros, sed inter ærumnas, cor ipsum exedentes, necesse est agere felicem.*

apud te locum habeant, quem apud me? Vis scire, quam non habeant eumdem locum? Mihi divitiæ si effluxerint, nihil auferent, nisi semet ipsas : tu stupebis[10] et videberis tibi sine te relictus, si illæ a te recesserint. Apud me divitiæ aliquem locum habent, apud te summum. Ad postremum, divitiæ meæ sunt, tu divitiarum es.

CAPUT XXIII

1. Desine ergo philosophis pecunia interdicere : nemo sapientiam paupertate damnavit. Habebit philosophus amplas opes, sed nulli detractas nec alieno sanguine cruentas[1], sine cujusquam injuria partas, sine sordidis quæstibus, quarum tam honestus sit exitus quam introitus, quibus nemo ingemiscat, nisi malignus[2]. In quantum vis, exaggera illas : honestæ sunt, in quibus, quum multa sint quæ sua quisque dici velit, nihil est quod quisquam suum possit dicere.

2. Ille vero fortunæ benignitatem a se non submovebit, et patrimonio per honesta quæsito nec gloriabitur nec erubescet. Habebit tamen etiam quo glorietur, si aperta domo et admissa in res suas civitate poterit dicere : « Quod quisque [suum] agnoverit, tollat! » O magnum virum, o optime divitem, si post hanc vocem tantumdem habuerit! ita dico, si tuto et securus scrutationem populo præbuerit, si nihil quisquam apud illum invenerit, quo manus injiciat[3] : audacter et propalam erit dives.

3. Sapiens nullum denarium intra limen suum admittet male intrantem. Idem magnas opes, munus fortunæ fructumque virtutis, non repudiabit nec excludet. Quid enim

---

10. *Tu stupebis.* C'est une apologie bien insuffisante que celle qui consiste uniquement à se mettre en parallèle avec ses accusateurs, et à relever ses propres sentiments par la bassesse de ceux qu'on attribue à ses ennemis.

XXIII. 1. *Nec alieno sanguine cruentas.* Ce trait semble être une protestation directe contre l'accusation d'avoir eu part aux dépouilles de Britannicus. *Sine sordidis quæstibus* semble de même se rapporter à l'accusation de captation de testaments.

2. *Malignus.* L'envieux.

3. *Manus injiciat.* C'est une expression juridique, comme notre terme *saisir*.

est quare illis bono loco invideat? Veniant, hospitentur.
Nec jactabit illas, nec abscondet : alterum infruniti[*]
animi est, alterum timidi et pusilli, velut magnum bonum
intra sinum continentis. Nec, ut dixi, ejiciet illas e domo.
Quid enim dicet? utrumne « Inutiles estis » an « Ego uti
divitiis nescio » ?

4. Quemadmodum etiam si pedibus suis poterit iter
conficere, escendere tamen vehiculum malet : sic pauper
poterit esse, dives volet : habebit itaque opes, sed tanquam leves et avolaturas. Nec ulli alii nec sibi graves esse
patietur. Donabit — quid erexistis aures? quid expeditis
sinum? — Donabit aut bonis aut eis quos facere poterit
bonos. Donabit cum summo consilio dignissimos eligens,
ut qui meminerit tam expensorum quam acceptorum rationem esse reddendam. Donabit ex recta et probabili
causa : nam inter turpes jacturas malum munus est.
Habebit sinum facilem, non perforatum, ex quo multa
exeant, sed nihil excidat.

CAPUT XXIV

1. Errat, si quis existimat facilem rem esse donare[1].
Plurimum ista res habet difficultatis, si modo consilio
tribuitur, non casu et impetu spargitur. Hunc promereor,
illi reddo. Huic succurro, hujus misereor. Illum instruo
dignum quem non deducat paupertas nec occupatum
teneat[2]. Quibusdam non dabo, quamvis desit, quia,
etiamsi dedero, erit defuturum. Quibusdam offeram, quibusdam etiam inculcabo. Non possum in hac re esse
negligens : nunquam magis nomina facio quam quum
dono[3].

4. Infruniti. Expression rare, que Sénèque a employée une autre fois dans le *De Beneficiis*, III, 16. Elle désigne une insolence grossière.

XXIV, 1. Facilem rem esse donare. Le développement de toutes ces idées se retrouve dans le *De Beneficiis*.

2. Non deducat nec occupatum teneat. Sénèque signale ici les deux effets désastreux de la pauvreté : elle détourne les uns du droit chemin ; elle enchaîne les autres à la nécessité de gagner péniblement le pain de chaque jour et les empêche ainsi de mani-fester leur mérite et leur génie.

3. Nunquam magis nomina facio

2. « Quid? tu, inquis, recepturus donas? » Immo non perditurus. Eo loco sit donatio, unde repeti non debeat, reddi possit. Beneficium collocetur, quemadmodum thesaurus alte obrutus, quem non eruas, nisi fuerit necesse.

3. Quid? domus ipsa divitis viri quantam habet benefaciendi materiam? Quis enim liberalitatem tantum ad togatos vocat? Hominibus prodesse natura me jubet : servi liberine sint hi, ingenui an libertini, justæ libertatis an inter amicos datæ⁴, quid refert? Ubicunque homo est, ibi benefici locus est. Potest itaque pecunia etiam intra limen suum diffundi et liberalitatem exercere, quæ non quia liberis debetur, sed quia e libero animo proficiscitur⁵, ita nominata est. Hæc apud sapientem nec unquam in turpes indignosque impingitur, nec unquam ita defatigata errat, ut non, quoties dignum invenerit, quasi ex pleno fluat.

4. Non est ergo quod perperam exaudiatis⁶, quæ honeste, fortiter, animose a studiosis sapientiæ dicuntur. Et hoc primum attendite : aliud est studiosus sapientiæ, aliud jam adeptus sapientiam⁷. Ille tibi dicet : « Optime » loquor, sed adhuc inter mala volutor plurima. Non est, » quod me ad formulam meam exigas⁸. Quum maxime

---

quam quum dono. Tout ce passage, dans lequel Sénèque explique que donner, c'est encore placer de l'argent, n'est pas empreint d'un esprit de véritable charité.

4. *Justæ libertatis, an inter amicos datæ.* Il y avait deux manières de rendre la liberté aux esclaves : ou bien on les affranchissait légalement et définitivement en présence du préteur, qui les touchait de sa baguette (*vindicta*), ou bien on se contentait de faire, en présence de témoins, une déclaration d'affranchissement qui n'avait pas force de loi et pouvait être révoquée.

5. *Non quia liberis debetur, sed quia libero animo proficiscitur.* Définition excellente. Mais elle montre combien la libéralité romaine était une vertu étroite, une vertu de caste, et combien les Stoïciens ont eu à faire pour rapprocher les diverses classes sociales et pour préparer l'homme à voir un frère dans tout autre homme.

6. *Perperam exaudire.* Entendre de travers, interpréter avec mauvaise foi.

7. *Aliud est studiosus sapientiæ; aliud, jam adeptus sapientiam.* Distinction bien commode en vérité, et qui permet à tout homme d'esquiver absolument la responsabilité de ses actes ! Il suffit, en effet, de se placer dans l'une ou l'autre catégorie pour n'avoir plus qu'à opposer aux reproches de ses accusateurs soit une réponse dilatoire et hypocrite, soit une réponse hautaine.

8. *Non est quod me ad formulam meam exigas.* Impossible d'oublier qu'au chap. XVII Sénèque s'est placé lui-même dans la catégorie des *studiosi sapientiæ.* Il s'applique donc à lui-même cette parole. Mais de qui exigera-t-on qu'il conforme sa conduite à sa propre formule, si on ne l'exige pas de l'homme qui a passé sa vie dans l'étude et dans la méditation des questions morales ; qui a

» facio me et formo et ad exemplar ingens attollo. Si
» processero quantumcunque proposui, exige ut dictis
» facta respondeant. » Assecutus vero humani boni summam aliter tecum aget et dicet : « Primum, non est,
» quod tibi permittas de melioribus ferre sententiam :
» mihi jam, quod argumentum est recti, contigit malis
» displicere. »

5. Sed, ut tibi rationem reddam, qua nulli mortalium
invideo, audi quid promittam et quanti quæque æstimem :
divitias nego bonum esse : nam si essent, bonos facerent.
Nunc quoniam quod apud malos deprehenditur dici
bonum non potest, hoc illis nomen nego; ceterum et habendas esse, et utiles, et magna commoda vitæ afferentes,
fateor.

CAPUT XXV

1. Quid ergo sit quare illas non in bonis numerem, et
quid præstem in illis aliud quam vos, quoniam inter utros-
que convenit habendas[1], audite. Pone in opulentissima
me domo, pone ubi aurum argentumque in promiscuo usu
sit : non suspiciam me ob ista[2], quæ etiamsi apud me,
extra me tamen sunt. In Sublicium pontem[3] me transfer,
et inter egentes abjice : non ideo tamen me despiciam,
quod in illorum numero consedero, qui manum ad stipem[4]
porrigunt. Quid enim ad rem, an frustum panis desit, cui

prêché une morale absolue, d'après
laquelle il n'y a pas de degrés dans
le vice, ni de salut hors de la perfection ; qui a exercé dans l'Etat les plus
hautes fonctions ; qui, enfin, est par-
venu à la vieillesse ?

XXV. 1. *Habendas.* Sénèque ne veut
pas dire précisément qu'il faut s'enri-
chir, ce qui serait en opposition trop ma-
ni este avec les principes des Stoïciens,
mais seulement qu'il est bon d'avoir
des richesses, et que, quand on possède des biens, il faut les garder.

2. *Non suspiciam me ob ista.* Je ne

m'enorgueillirai pas de ces avantages;
familièrement : *je n'en serai pas plus
fier.* Plus loin, par antithèse : *non
ideo me despiciam.*

3. *In Sublicium pontem.* Le pont
Sublicius était un pont en bois, sur
lequel stationnaient les mendiants; il
avait été construit sous Ancus Mar-
tius par la corporation des *pontifices.*
— *Abjice.* Haase : *abige.*

4. *In stipem.* Littéralement : pour
la pièce de monnaie; pour recevoir
l'aumône.

non deest mori posse? Quid ergo est? domum illam splendidam malo[5] quam pontem.

2. Pone in instrumentis[6] splendentibus et delicato apparatu : nihilo me feliciorem credam, quod mihi molle erit amiculum, quod purpura convivis meis substernetur. Muta imaginem[7]: nihilo miserius[8] ero, si lassa cervix mea in manipulo fœni acquiescet, si super circense tomentum[9], per sarturas veteris lintei effluens[10], incubabo. Quid ergo est? malo, quid mihi animi sit, ostendere prætextatus et gausapatus[11] quam nudis scapulis aut semitectis.

3. Omnes mihi ex voto dies cedant, novæ gratulationes prioribus subtexantur : non ob hoc mihi placebo. Muta in contrarium hanc indulgentiam temporis : hinc illinc percutiatur animus damno, luctu, incursionibus variis, nulla hora sine aliqua querela sit : non ideo me dicam inter miserrima miserum, non ideo aliquem exsecrabor diem. Provisum est enim a me, ne quis mihi ater dies esset. Quid ergo est? malo gaudia temperare quam dolores compescere.

4. Hoc tibi ille Socrates dicet : « Fac me victorem universarum gentium : delicatus ille Liberi currus[12] triumphantem usque ad Thebas[13] a solis ortu vehat : jura reges Persarum petant [a me][14] : me hominem esse maxime cogitabo, quum deus undique consalutabor. Huic tam sublimi fastigio conjunge protinus præcipitem

5. *Malo.* Remarquer dans les paragraphes suivants la répétition régulière de cette même expression. Tout ce chapitre est une théorie pratique et une énumération des προηγμένα.

6. *Instrumentis.* Train de maison luxueuse. Haase : *stramentis.* Cette dernière expression a peut-être un caractère plus précis ; tout se rapporte, dans ce passage, au luxe des vêtements, des tentures, des lits de repos ou de festin.

7. *Muta imaginem.* Change le tableau, c'est-à-dire la supposition. De même, plus loin, *conjunge protinus* exprime aussi la substitution immédiate d'une hypothèse à une autre. Haase : *Mutas magnificentiam meam.*

8. *Nihilo miserius.* Autre leçon : *Nihilo miserior.*

9. *Circense tomentum.* Le rembourrage grossier des bancs destinés au peuple dans un cirque.

10. *Effluens.* Laissant échapper sa laine.

11. *Gausapatus.* Couvert d'un vêtement de feutre.

12. *Delicatus ille Liberi currus.* Le triomphe de Bacchus est un des sujets les plus habituels traités par l'art antique.

13. *Thebas.* Il s'agit de Thèbes en Béotie.

14. *Jura reges Persarum petant.* L'idéal des triomphateurs anciens, c'était de voir à leurs pieds les rois magnifiques de l'Orient. Cette expression imagée nous semble bien préférable à la leçon de Haase: *Jura reges penatium petant.*

» mutationem. In alienum imponar fericulum[15], exorna-
» turus victoris superbi ac feri pompam : non humilior
» sub alieno curru agar quam in meo steteram. » Quid
ergo est? vincere tamen quam capi malo.

5. Totum fortunæ regnum despiciam : sed ex illo, si
dabitur electio, molliora sumam[16]. Quidquid ad me vene-
rit, bonum fiet: sed malo faciliora ac jucundiora veniant,
et minus vexatura tractantem. Non est enim quod existimes ullam esse sine labore virtutem, sed quædam virtutes
stimulis, quædam frenis egent. Quemadmodum corpus in
proclivi retineri debet, adversus ardua impelli, ita quædam virtutes in proclivi sunt, quædam clivum subeunt[17].

6. An dubium sit quin escendat, nitatur, obluctetur pa-
tientia, fortitudo, perseverantia, et quæcunque alia duris
opposita virtus est et fortunam subigit? Quid ergo ? non
æque manifestum est per devexum ire liberalitatem, tem-
perantiam, mansuetudinem? In his continemus animum, ne
prolabatur : in illis exhortamur, incitamusque. Acerrime
ergo paupertati adhibebimus illas, quæ pugnare sciunt,
fortiores : divitiis illas diligentiores[18], quæ suspensum
gradum ponunt, et pondus suum sustinent. Quum hoc ita
divisum sit, malo has in usu mihi esse, quæ exercendæ
tranquillius sunt, quam eas, quarum experimentum san-
guis et sudor est. « Ergo non ego aliter, » inquit sapiens,
» vivo quam loquor, sed vos aliter auditis. Sonus tan-

---

15. *Fericulum*, de *fero*. Ce terme a plusieurs sens, attendu que, dans son acception générale, il désigne tout objet destiné à porter quelque chose; par exemple, un plateau sur lequel plusieurs plats étaient apportés à la fois de la cuisine dans la salle à manger. Dans le sens spécial qu'il présente ici, le *fericulum* est une sorte de dressoir sur lequel on portait, à la suite des triomphateurs, soit les dépouilles des nations vaincues, soit les captifs eux-mêmes, quand ils étaient de quelque importance. Un bas-relief de l'Arc de Titus, à Rome, nous montre les dépouilles des Juifs, et surtout le chandelier à sept branches, portés sur un *fericulum*.
16. *Molliora sumam*. Koch et Haase écrivent *meliora*. Mais ce passage est

évidemment un de ceux où l'inter-prétation philosophique doit réclamer tous ses droits. *Meliora* n'exprime ici qu'une idée vague, banale, en contra-diction avec ce qui l'entoure. *Molliora*, au contraire, est en harmonie avec tout le contexte (*faciliora, jucundiora, minus vexatura, exercendæ tranquillius*). On voit combien Sénèque, dans l'entraînement de sa jus-tification, s'éloigne de l'idée fonda-mentale du Stoïcisme, celle de la tension, de l'effort et de la peine.

17. *In proclivi sunt..., clivum subeunt*. Théorie très ingénieuse des vertus comparées à des chevaux de montée et à des chevaux de descente.

18. *Diligentiores*. Qui exigent plus de surveillance sur soi-même.

» tummodo verborum ad aures vestras pervenit : quid
» significent non quæritis. »

CAPUT XXVI

1. « Quid ergo inter me stultum et te sapientem inte-
» rest, si uterque habere volumus ? » Plurimum. Divitiæ
enim apud sapientem virum in servitute sunt, apud stultum in imperio. Sapiens divitiis nihil permittit, vobis divitiæ omnia. Vos, tanquam aliquis vobis æternam posses-
sionem earum promiserit, assuescitis illis et cohæretis :
sapiens tunc maxime paupertatem meditatur [1], quum in
mediis divitiis constitit.

2. Nunquam imperator ita paci credit, ut non se præ-
paret bello, quod etiamsi non geritur, indictum est. Vos
domus formosa, tanquam nec ardere nec ruere possit, insolentes vos opes [2], tanquam periculum omne transcende-
rint, majoresque sint quam quibus consumendis satis virium habeat fortuna, obstupefaciunt.

3. Otiosi divitiis luditis nec providetis illarum periculum [3], sicut barbari plerumque inclusi, ut ignari machina-
rum, segnes laborem obsidentium spectant, nec quo illa
pertineant, quæ ex longinquo struuntur, intelligunt : idem
vobis evenit. Marcetis in vestris rebus, nec cogitatis quot
casus undique immineant, jam jamque pretiosa spolia
laturi. Sapienti quisquis abstulerit divitias, omnia illi sua [4]
relinquet. Vivit enim præsentibus lætus, futuri securus.

XXVI. 1. *Paupertatem meditatur.* Sur
la manière dont il faut faire cette méditation de la pauvreté, voir par exemple
la lettre XVIII : « *Non est quod existimes me dicere Timoneas cœnas, et
pauperum cellas, et quidquid aliud
est per quod luxuria divitiarum tædio
ludit. Grabatus ille verus sit, et sa-
gum, et panis durus ac sordidus. Hoc
triduo et quatriduo fer, interdum
pluribus diebus, ut non lusus sit, sed
experimentum.* »

2. *Insolentes vos opes.* Koch et
Haase écrivent *insolentes, vos opes...*

D'après cette ponctuation, *insolentes*
ne se rapporte plus à *opes*, mais à
vos. et est régi par *faciunt*, contenu
implicitement dans *obstupefaciunt.*

3. *Illarum periculum.* Le danger
qui les menace. Idée très ingénieusement développée dans la comparaison
qui suit.

4. *Omnia sua.* Tout ce qui est vraiment à lui. C'est la distinction des
biens qui dépendent de nous et de
ceux qui ne dépendent pas de nous :
τὰ ἐφ' ἡμῖν καὶ τὰ οὐκ ἐφ' ἡμῖν.

4. « Nihil magis, » inquit ille Socrates aut aliquis alius, cui idem jus adversus humana atque eadem potestas [5] est, « persuasi mihi, quam ne ad opiniones vestras [6] actum » vitæ meæ flecterem. Solita conferte undique verba : non » conviciari vos putabo, sed vagire velut infantes miser- » rimos. » Hæc dicet ille, cui sapientia contigit, quem ani- mus vitiorum immunis increpare alios, non quia odit, sed in remedium jubet.

5. Adjiciet his illa : « Existimatio me vestra non meo » nomine, sed vestro movet, quia incolumitatem odisse [7] » et lacessere virtutem bonæ spei ejuratio est [8]. Nullam » mihi injuriam facitis. Et ne diis quidem hi qui aras » evertunt. Sed malum propositum apparet malumque » consilium etiam ibi, ubi nocere non potuit.

6. » Sic vestras hallucinationes fero quemadmodum » Jupiter optimus maximus ineptias poetarum, quorum » alius illi alas imposuit, alius cornua, alius adulterum » illum induxit [9] et abnoctantem [10], alius sævum in deos, » alius iniquum in homines, alius raptorum ingenuorum » corruptorem et cognatorum quidem, alius parricidam [11] » et regni alieni paternique expugnatorem. Quibus nihil » aliud actum est, quam ut pudor hominibus peccandi » demeretur, si tales deos credidissent.

7. » Sed quamquam ista me nihil lædant, vestra vos

---

5. *Idem jus adversus humana, eadem potestas ;* plus loin : *cui sapientia contigit; quem animus vitiorum immunis increpare alios jubet.* C'est surtout dans ce passage qu'il faut remarquer l'artifice par lequel Sénèque évoque Socrate et le met à sa propre place, toutes les fois qu'il ne se sent pas, vis-à-vis ses détracteurs, l'autorité morale nécessaire. De là les anachronismes singuliers contenus dans ces discours de Socrate.

6. *Ad opiniones vestras.* Mais la tactique des adversaires de Sénèque était précisément de lui montrer qu'il ne réglait pas sa vie d'après ses *propres* opinions, d'après ses *propres* principes.

7. *Incolumitatem odisse.* — Haase : *calamitatis est odisse.* Haïr est le fait d'une âme malheureuse, le signe d'une âme malade.

8. *Bonæ spei ejuratio est.* C'est renoncer à tout espoir de salut, de guérison morale.

9. *Alius alas imposuit, alius cornua, alius adulterum induxit.* Série d'allusions aux aventures de Jupiter, qui séduisit Léda, en prenant la forme d'un cygne, Europe en prenant la forme d'un taureau, Alcmène en se présentant à elle sous les traits de son mari Amphitryon.

10. *Abnoctantem.* Découchant. La traduction : *prolongeant la nuit,* est plutôt une réminiscence du prologue d'*Amphitryon.*

11. *Sævum in deos, raptorum ingenuorum corruptorem, parricidam.* Nouvelles allusions aux cruautés de Jupiter contre Vulcain et d'autres dieux, à l'enlèvement de Ganymède, à la lutte contre Saturne.

» moneo causa : suspicite virtutem. Credite iis, qui illam
» diu secuti, magnum quiddam ipsos et quod in dies
» majus appareat sequi clamant, et ipsam ut deos, et
» professores ejus ut antistites colite. Et quoties mentio
» sacrarum litterarum intervenerit, favete linguis [12] ! »
Hoc verbum non, ut plerique existimant, a favore trahi-
tur, sed imperat silentium, ut rite peragi possit sacrum,
nulla voce mala obstrepente.

CAPUT XXVII

1. Quod multo magis necessarium est [1] imperari vobis,
ut quoties aliquid ex illo proferetur oraculo, intenti et
compressa voce audiatis. Quum sistrum aliquis concutiens [2] ex imperio mentitur, quum aliquis secandi lacertos
suos artifex brachia atque humeros suspensa manu [3]
cruentat, quum aliquis genibus per viam repens ululat,
laurumque linteatus senex et medio lucernam die præfe-
rens conclamat iratum aliquem deorum, concurritis et
auditis, et divinum esse eum, invicem mutuum alentes
stuporem, affirmatis.

2. Ecce Socrates ex illo carcere, quem intrando purgavit [4] omnique honestiorem curia reddidit, proclamat :
« Quis iste furor [5] ? quæ ista inimica diis hominibusque

---

12. *Favete linguis.* C'est la formule par laquelle le prêtre, au commence-ment des sacrifices, réclamait le silence. Sénèque l'explique dans la phrase suivante, en faisant voir qu'elle ne se rapporte pas à l'idée de la faveur, mais à l'idée du respect.

XXVII. 1. *Quod multo magis necessa-rium est.* Nous faisons commencer ici ce chapitre, dont la pensée est parfaite-ment claire et une. Sénèque dit à ses adversaires : Vous qui écoutez avec ébahissement des jongleurs venus de tous les pays, sachez écouter avec respect la voix de Socrate.

2. *Quum sistrum aliquis concutiens.* Toute cette phrase est très intéres-sante, parce qu'elle nous trace un ta-bleau animé des superstitions étran-gères dont Rome était alors remplie. Le premier trait se rapporte aux prêtres d'Isis. Leur *sistre* était une sorte de crécelle dont ils faisaient usage dans les cérémonies du culte.

3. *Suspensa manu.* En se gardant bien d'appuyer trop fort.

4. *Quem intrando purgavit.* La même idée se retrouve dans la *Con-solation à Helvia* : *Socrates eodem illo vultu, quo aliquando solus triginta tyrannos in ordinem redegerat, car-cerem intravit, ignominiam ipsi loco detracturus ; neque enim poterat carcer videri, in quo Socrates erat.*

5. *Quis iste furor ?* Comparer ce ton emphatique et déclamatoire avec l'iro-nie charmante de l'*Apologie.*

» natura est infamare virtutes et malignis sermonibus
» sancta violare ? Si potestis, bonos laudate : si minus,
» transite. Quod si vobis exercere tetram istam licentiam
» placet, alter in alterum incursitate. Nam quum in cælum
» insanitis, non dico sacrilegium facitis, sed operam per-
» ditis.

3. » Præbui ego aliquando Aristophani materiam joco-
» rum. Tota illa comicorum poetarum manus in me vene-
» natos sales suos effudit : illustrata est virtus mea per ea
» ipsa, per quæ petebatur. Produci enim illi et tentari
» expedit, nec ulli magis intelligunt quanta sit, quam qui
» vires ejus lacessendo senserunt. Duritia silicis nullis
» magis, quam ferientibus, nota est.

4. » Præbeo me non aliter quam rupes aliqua[6] in va-
» doso mari destituta, quam fluctus non desinunt, unde-
» cunque moti sunt, verberare, nec ideo aut loco eam
» movent aut per tot ætates crebro incursu suo consu-
» munt. Assilite, facite impetum : ferendo vos vincam[7].
» In ea, quæ firma et insuperabilia sunt, quidquid incur-
» rit, malo suo vim suam exercet. Proinde quærite ali-
» quam mollem cedentemque materiam, in qua tela vestra
» figantur.

5. » Vobis autem vacat aliena scrutari mala et senten-
» tias ferre de quoquam? Quare hic philosophus laxius
» habitat, quare hic lautius cenat? Papulas observatis
» alienas, obsiti plurimis ulceribus[8]. Hoc tale est, quale
» si quis pulcherrimorum corporum nævos aut verrucas
» derideat, quem fœda scabies depascitur.

6. » Objicite Platoni, quod petierit pecuniam[9], Aristo-

<hr>

6. *Non aliter quam rupes aliqua.* Marc-Aurèle : Sois semblable à un promontoire contre lequel les flots viennent sans cesse se briser ; le promontoire demeure immobile et dompte la fureur de l'onde qui bouillonne autour de lui. (*Pensées*, IV, XLIX, trad. Al. Pierron.)

7. *Ferendo vincam.* Expression singulièrement belle et forte, à détacher de toute cette amplification.

8. *Papulas observatis alienas, obsiti*

plurimis ulceribus. On peut signaler une analogie assez curieuse entre cette pensée et la célèbre parole évangélique sur la paille et la poutre ; mais il n'en faut pas conclure que Sénèque ait eu connaissance des doctrines chrétiennes. Voir, à ce sujet, l'intéressant ouvrage de M. Aubertin sur *Sénèque et saint Paul.*

9. *Platoni, quod petierit pecuniam.* Probablement à Dion, lorsqu'il fut vendu comme esclave, après son premier voyage en Sicile.

» teli, quod acceperit, Democrito, quod neglexerit, Epi-
» curo, quod consumpserit : mihi ipsi Alcibiadem et Phæ-
» drum objectate. O vos usu maxime felices, quum primum
» vobis imitari vitia nostra contigerit !

7. » Quin potius mala vestra circumspicitis, quæ vos
» ab omni parte confodiunt, alia grassantia extrinsecus,
» alia in visceribus ipsis ardentia ? Non eo loco res huma-
» næ sunt, etiamsi statum vestrum parum nostis, ut
» vobis tantum otii supersit, ut in probra meliorum agi-
» tare linguam vacet. »

CAPUT XXVIII

« Hoc vos non intelligitis, et alienum fortunæ vestræ
» vultum geritis, sicut plurimi, quibus in circo aut
» theatro desidentibus jam funesta domus est[1] nec annun-
» tiatum malum. At ego ex alto prospiciens video, quæ
» tempestates aut immineant vobis, paulo tardius rupturæ
» nimbum suum[2], aut jam vicinæ vos ac vestra rapturæ
» propius accesserint. Quid porro? non nunc quoque,
» etiamsi parum sentitis, turbo quidam animos vestros
» rotat et involvit, fugientes petentesque eadem, et nunc
» in sublime allevatos, nunc in infima allisos[3]? **** »

XXVIII. 1. *Jam funesta domus est.*
Le deuil est entré dans leur maison.
   2. *Paulo tardius rupturæ nimbum
suum.* Cf. *Polyeucte,* iv, 1 :

   Et la foudre qui va partir,
   Toute prête à crever la nue, etc.

   3. *Allisos.* Par une coïncidence
assez singulière, le *De Vita beata* est
interrompu au xxviiiᵉ chapitre, et ce
qui nous reste du *De Otio aut secessu*

sapientis commence à ce même chapitre xxviii. Ce'a avait donné lieu de
croire que ces deux ouvrages se faisaient suite. J. Lipse a établi que
cette hypothèse n'est pas fondée.
Nous avons cependant expliqué, dans
la *Notice,* que le *De Vita beata* et le
De Otio ont dû être écrits à peu près
à la même époque et sous l'influence
de dispositions d'esprit assez analogues.

APPENDICE

———

Nous croyons utile de compléter notre édition du *De Vita beata* en citant quelques passages des III⁰ et IV⁰ livres du *De Finibus*; on y trouvera l'exposé critique de cette théorie des choses préférables, des προηγμένα, qui occupe dans l'ouvrage de Sénèque une place si importante.

La controverse qui s'engage sur ce sujet entre Cicéron et Caton au III⁰ livre du *De Finibus* a pour point de départ la question suivante : Faut-il, comme Aristote, placer au nombre des choses bonnes en soi la force, la santé, la richesse, et les adjoindre à la vertu pour former le concept du souverain bien? Cicéron prétend que, sur ce point, les Stoïciens professent au fond la même doctrine qu'Aristote et ne se séparent réellement de lui que par les termes qu'ils emploient. *Ratio nostra consentit, oratio pugnat.* Caton n'en convient pas; admettre au nombre des biens autre chose que la vertu et soutenir que d'autres objets peuvent être dignes de nos recherches, c'est, d'après lui, éteindre le flambeau de l'honnêteté et détruire la vertu même. *Quidquid præter id, quod honestum sit, expetendum esse dixeris in bonisque numeraveris, et honestum ipsum, quasi virtutis lumen, exstinxeris, et virtutem penitus everteris.* Mais, objecte Cicéron, n'est-ce point là tomber dans l'erreur des disciples de Pyrrhon et d'Ariston qui, en considérant la vertu comme le bien unique, ont passé le niveau sur toutes les autres choses, *omnia exæquaverunt*, et ont supprimé ainsi cette vertu, qu'ils plaçaient trop haut, en lui enlevant toute occasion de se manifester par de bons choix?

Pour résoudre cette difficulté et pour établir un juste-milieu entre la doctrine d'Ariston et celle des Péripatéticiens, Caton développe la théorie stoïcienne des προηγμένα, en la rattachant à son véritable principe, qui est la conception du rôle de la nature et de l'instinct dans l'animal et dans l'homme.

La nature, dit-il, a mis dans tout être vivant, et en particulier dans l'homme, le sentiment inné et l'amour instinctif de sa *constitution*; elle le porte ainsi à désirer la conservation de sa vie et à développer dans ce but toutes ses facultés et tous ses organes.

« Placet his quorum ratio mihi probatur, simul atque natum
» sit animal (hinc enim est ordiendum), ipsum sibi conciliari
» et commendari ad se conservandum, et ad suum statum
» eaque, quæ conservantia sunt ejus status, diligenda, alienari
» autem ab interitu, iisque rebus, quæ interitum videantur af-
» ferre. Id ita esse sic probant, quod, ante quam voluptas aut
» dolor attigerit, salutaria appetant parvi aspernenturque con-
» traria. Quod non fieret, nisi statum suum diligerent, interi-
» tum timerent. Fieri autem non posset ut appeterent aliquid,
» nisi sensum haberent sui, eoque se et sua diligerent. Ex quo
» intelligi debet, principium ductum esse a se diligendi sui. In
» principiis autem naturalibus diligendi sui, plerique Stoici non
» putant voluptatem esse ponendam. Quibus ego vehementer
» assentior, ne, si voluptatem natura posuisse in iis rebus vi-
» deatur, quæ primæ appetuntur, multa turpia sequantur. Satis
» esse autem argumenti videtur quamobrem illa, quæ natura
» prima sunt ascita, natura diligamus, quod est nemo quin,
» quum utrumvis liceat, aptas malit et integras omnes partes
» corporis quam, eodem usu, imminutas aut detortas habere.
» Rerum autem cognitiones, quas vel comprehensiones
» vel perceptiones vel, si hæc verba aut minus placent
» aut minus intelliguntur, καταλήψεις appellemus licet, eas
» igitur ipsas propter se asciscendas arbitramur, quod ha-
» beant quiddam in se quasi complexum et continens verita-
» tem. Id autem in parvis intelligi potest, quos delectari vide-
» mus, etiamsi eorum nihil intersit, si quid ratione per se ipsi
» invenerunt. Artes etiam ipsas propter se assumendas puta-
» mus, quum quia sit in his aliquid dignum assumptione, tum
» quod constent ex cognitionibus et contineant quiddam in se
» ratione constitutum et via. A falsa autem assensione magis
» nos alienatos esse quam a cæteris rebus, quæ sunt contra
» naturam, arbitramur. Jam membrorum, id est partium cor-
» poris, alia videntur propter eorum usum a natura esse do-
» nata, ut manus, crura, pedes, ut ea, quæ sunt intus in cor-
» pore, quorum utilitas quanta sit a medicis etiam disputatur,
» alia autem nullam ob utilitatem quasi ad quemdam ornatum,
» ut cauda pavoni, plumæ versicolores columbis, viris mammæ
» atque barba. »

De cette tendance première de la nature résulte la distinction des choses estimables et des choses méprisables. Les choses
estimables, ce sont les choses conformes à notre constitution ;
Caton les appelle les *principes de notre nature*. L'homme commence par les poursuivre exclusivement ; mais, bientôt, de cette
idée des choses estimables il s'élève à l'idée d'un souverain bien,
qui seul mérite d'être loué et recherché pour lui-même, et
qui consiste dans la conformité générale avec la nature, dans
l'ὁμολογία.

« Sequitur prima divisio hæc. Æstimabile esse dicitur (sic
» enim, ut opinor, appellemus) id, quod aut ipsum secundum
» naturam sit, aut tale quid efficiat, ut selectione dignum
» propterea sit, quod aliquod pondus habeat dignum æstima-
». tione, quam illi ἀξίαν vocant, contraque inæstimabile, quod
» sit superiori contrarium. Initiis igitur ita constitutis, ut ea,
» quæ secundum naturam sunt, ipsa propter se sumenda sint,
» contrariaque item rejicienda, primum est officium (id enim
» appello καθῆκον), ut se conservet in naturæ statu, deinceps
» ut ea teneat, quæ secundum naturam sint, pellatque con-
» traria ; qua inventa selectione, et item rejectione, sequitur
» deinceps cum officio selectio, deinde ea perpetua, tum ad
» extremum constans consentaneaque naturæ, in qua primum
» inesse incipit et intelligi quid sit quod vere bonum possit
» dici. Prima est enim conciliatio hominis ad ea, quæ sunt
» secundum naturam. Simul autem cepit intelligentiam, vel
» notionem potius, quam appellant ἔννοιαν illi, viditque rerum
» agendarum ordinem et, ut ita dicam, concordiam, multo
» eam pluris æstimavit quam omnia illa, quæ primum dilexe-
» rat ; atque ita cognitione et ratione collegit, ut statueret in eo
» collocatum summum illud hominis per se laudandum et expe-
» tendum bonum, quod, quum positum sit in eo, quod ὁμολο-
» γίαν Stoici, nos appellemus convenientiam, si placet ; quum
» igitur in eo sit id bonum, quo referenda sint omnia, honeste
» facta ipsumque honestum, quod in bonis ducitur, quan-
» quam post oritur, tamen id solum vi sua et dignitate expe-
» tendum est : eorum autem, quæ sunt prima naturæ, propter
» se nihil expetendum. »

Caton résume cette importante théorie stoïcienne par une
comparaison ingénieuse. Tous les devoirs, dit-il (et par ce
mot il faut entendre les fonctions, soit de l'ordre physique, soit
de l'ordre moral), ont leur source dans les principes de la nature ;
c'est donc aussi de ces principes que doit découler la sagesse.
Mais parfois un homme recommandé à quelqu'un en vient à
estimer son second protecteur plus que le premier ; ainsi, ne
nous étonnons pas si les mortels, recommandés à la sagesse
par les principes de la nature, s'attachent ensuite à cette
même sagesse plus qu'aux principes qui les avaient portés vers
elle.

« Quum autem omnia officia a principiis naturæ proficiscan-
» tur, ab iisdem necesse est proficisci ipsam sapientiam. Sed
» quemadmodum sæpe fit ut is, qui commendatus sit alicui,
» pluris eum faciat, cui commendatus sit, quam illum, a quo
» sit, sic minime mirum est primo nos sapientiæ commendari
» ab initiis naturæ, post autem ipsam sapientiam nobis cario-
» rem fieri quam illa sint, a quibus ad hanc venerimus. »

La sagesse est donc la parfaite conformité avec la nature.

En conséquence, l'homme qui possède la sagesse est comme identifié avec la nature, avec la raison absolue et divine ; il en partage les perfections. De là, toute cette série de paradoxes stoïciens, que nous avons déjà rencontrés dans Sénèque ; Cicéron les indique ou les développe successivement.

Et d'abord, le sage, seul parmi les hommes, est souverainement heureux ; car il n'a d'autre bien que l'honnêteté :

« Quum hoc sit extremum, congruenter naturæ convenien-
» terque vivere, necessario sequitur omnes sapientes semper
» feliciter, absolute, fortunate vivere, nulla re impediri, nulla
» prohiberi, nulla egere. Quod autem continet non magis eam
» disciplinam, de qua loquor, quam vitam fortunasque nostras,
» id est, ut, quod honestum sit, id solum bonum judicemus,
» potest id quidem fuse et copiose, et omnibus electissimis ver-
» bis gravissimisque sententiis rhetorice et augeri et ornari,
» sed consectaria me Stoicorum brevia et acuta delectant. Con-
» cluduntur igitur eorum argumenta sic : « Quod est bonum,
» omne laudabile est. Quod autem laudabile est, omne hones-
» tum est. Bonum igitur quod est, honestum est. » Satisne hoc
» conclusum videtur ? Certe. Quod enim efficiebatur ex his duo-
» bus, quæ erant sumpta, in eo vides esse conclusum. Duorum
» autem, e quibus effecta conclusio est, contra superius dici
» solet, non omne bonum esse laudabile. Nam quod laudabile
» sit, honestum esse conceditur. Illud autem perabsurdum,
» bonum esse aliquid quod non expetendum sit, aut expeten-
» dum, quod non placens, aut, si id, non etiam diligendum.
» Ergo et probandum. Ita etiam laudabile, Id autem honestum.
» Ita fit ut, quod bonum sit, id etiam honestum sit. Deinde
» quæro quis aut de misera vita possit gloriari, aut de non
» beata ? De sola igitur beata. Ex quo efficitur gloriatione, ut
» ita dicam, dignam esse beatam vitam, quod non possit qui-
» dem nisi honestæ vitæ jure contingere. Ita fit ut honesta
» vita beata vita sit. Et quoniam is, cui contingit ut jure lau-
» detur, habet insigne quiddam ad decus et ad gloriam, ut ob
» ea, quæ tanta sint, beatus dici jure possit, idem de vita talis
» viri rectissime dicetur. Ita, si beata vita honestate cernitur,
» quod honestum est, id bonum solum habendum est. »

Réciproquement, il ne peut y avoir d'autre mal que le vice : *Quæ quum ita sint, effectum est nihil esse malum, quod turpe non sit* ; et la douleur n'est pas un mal. Le sage peut être heureux, même appliqué à la torture : *In omnibus tormentis conservatur vita beata sapienti.* C'est l'opinion, et non la nature, qui fait l'intensité de la souffrance : *Si enim dolores eosdem tolerabilius patiuntur qui excipiunt eos pro patria quam qui leviore de causa, opinio facit, non natura, vim doloris aut majorem aut minorem.*

Le sage ne doit pas connaître les passions :

» Nec vero perturbationes animorum, quæ vitam insipientium
» miseram acerbamque reddunt, quas Græci πάθη appellant
» (poteram ego, verbum ipsum interpretans, morbos appellare;
» sed non conveniret ad omnia : quis enim misericordiam aut
» ipsam iracundiam morbum solet dicere ? At illi dicunt πάθος.
» Sit igitur perturbatio, quæ nomine ipso vitiosa declarari vi-
» detur) : nec hæ perturbationes vi aliqua naturali moventur,
» omnesque sunt genere quatuor, partibus plures, ægritudo,
» formido, libido, quamque Stoici communi nomine corporis et
» animi ἡδονὴν appellant, ego malo lætitiam appellare, quasi
» gestientis animi elationem voluptariam. Perturbationes autem
» nulla naturæ vi commoventur ; omniaque ea sunt opiniones
» ac judicia levitatis : itaque his sapiens semper vacabit. »

Les choses que nous avons appelées estimables ne doivent
pas être considérées comme des biens; non seulement elles ne
constituent pas le bonheur, mais encore elles n'en augmentent
même pas l'intensité; si on les ajoute à la sagesse, elles ne lui
procurent aucun accroissement de dignité et de valeur.

« Ne illud quidem est consentaneum, ut, si, quum tria ge-
» nera bonorum sint, quæ sententia est Peripateticorum, eo
» beatior quisque sit, quo sit corporis aut externis bonis
» plenior, ut hoc idem approbandum sit nobis, ut qui
» plura habeat ea, quæ in corpore magni æstimantur, sit
» beatior. Illi enim corporis commodis compleri vitam beatam
» putant : nostri nihil minus. Nam quum ita placeat, ne eorum
» quidem bonorum, quæ nos bona naturæ appellemus, frequen-
» tia beatiorem vitam fieri, aut magis expetendam, aut pluris
» æstimandam, certe minus ad beatam vitam pertinet multi-
» tudo corporis commodorum. Etenim, si et sapere expeten-
» dum sit et valere, conjunctum utrumque magis expetendum
» sit quam sapere solum, neque tamen, si utrumque sit æsti-
» matione dignum, pluris sit conjunctum quam sapere ipsum
» separatum. Nam qui valetudinem æstimatione aliqua dignam
» judicamus neque tamen eam in bonis ponimus, iidem cen-
» semus, nullam esse tantam æstimationem, ut ea virtuti an-
» teponatur. Quod Peripatetici non tenent ; quibus dicendum
» est, quæ et honesta actio sit et sine dolore, eam magis esse
» expetendam, quam si esset eadem actio cum dolore. Nobis
» aliter videtur : recte secusne, postea. Sed potestne rerum ma-
» jor esse dissensio ?

» Ut enim obscuratur et effunditur luce solis lumen lucernæ,
» et ut interit magnitudine maris Ægæi stilla mellis, et ut in
» divitiis Crœsi teruncii accessio, et gradus unus in ea via,
» quæ est hinc in Indiam, sic, quum sit is bonorum finis,
» quem Stoici dicunt, omnis ista rerum in corpore sitarum æs-
» timatio splendore virtutis et magnitudine obscuretur, et
» obruatur, atque intereat necesse est. »

La sagesse se suffit à elle-même ; elle a un caractère absolu, que rien ne peut accroître ; elle est semblable à l'opportunité, εὐχαίρια; et la durée, qui augmente le prix des autres choses, ne saurait augmenter le sien.

« Et quemadmodum opportunitas (sic enim appellemus εὐχαι-
» ρίαν) non fit major productione temporis (habent enim suum
» modum quæcunque opportuna dicuntur), sic recta effectio
» (κατόρθωσιν enim ita appello, quoniam recte factum κατόρθωμα),
» recta igitur effectio, item convenientia, denique ipsum bo-
» num, quod in eo positum est ut naturæ consentiat, crescendi
» accessionem nullam habet. Ut enim opportunitas illa, sic
» hæc, de quibus dixi, non fiunt temporis productione majora :
» ob eamque causam Stoicis non videtur optabilior nec magis
» expetenda beata vita, si sit longa, quam si brevis, utun-
» turque simili. Ut, si cothurni laus illa esset, ad pedem apte
» convenire, neque multi cothurni paucis anteponerentur nec
» majores minoribus, sic, quorum omne bonum convenientia
» atque opportunitate finitur, nec plura paucioribus nec lon-
» ginquiora brevioribus anteponent. Nec vero satis acute
» dicunt : Si bona valetudo pluris æstimanda sit longa quam
» brevis, sapientiæ quoque usus longissimus quisque sit plu-
» rimi. Non intelligunt valetudinis estimationem spatio judi-
» cari, virtutis opportunitate ; ut videantur, qui illud dicant,
» iidem hoc esse dicturi, bonam mortem et bonum partum
» meliorem longum esse quam brevem. Non vident alia bre-
» vitate pluris æstimari, alia diuturnitate.

Enfin, la sagesse n'a pas de degrés; qui n'atteint pas jusqu'à elle reste enfoncé dans le vice.

« Itaque consentaneum est his, quæ dicta sunt, ratione illo-
» rum, qui illum bonorum finem, quod appellamus extremum,
» quod ultimum, crescere putent posse, iisdem placere esse
» alium alio etiam sapientiorem, itemque alium magis alio vel
» peccare vel recte facere. Quod nobis non licet dicere, qui
» crescere bonorum finem non putamus. Ut enim qui demersi
» sunt in aqua nihilo magis respirare possunt, si non longe
» absunt a summo, ut jam jamque possint emergere, quam si
» etiam tum essent in profundo, nec catulus ille, qui jam ap-
» propinquat ut videat, plus cernit quam is, qui modo est
» natus, item qui processit aliquantum ad virtutis habitum nihi-
» lominus in miseria est quam ille, qui nihil processit. »

Ainsi donc, il faut penser, avec les disciples de Pyrrhon et d'Ariston, qu'une seule chose, la sagesse, mérite d'être appelée bonne, et qu'une autre chose ne peut, à cet égard, lui être ni comparée ni ajoutée. Mais, par contre, il faut reconnaître avec Aristote qu'il n'y a point égalité absolue entre les choses qui sont en dehors du bien. S'il en était ainsi, la vie humaine serait réduite à un chaos, et la sagesse n'aurait aucune occasion de s'exercer, puisqu'elle n'aurait jamais de choix à faire. C'est ici que se trouve développée la théorie proprement dite des προηγμένα : Caton explique qu'il faut établir des rangs parmi les choses estimables ; car les unes méritent d'être choisies ou d'être rejetées pour une raison qu'elles portent en elles-mêmes, tandis que les autres ne présentent pas ce caractère.

« Deinceps explicatur differentia rerum, quam si non ullam
» esse diceremus, confunderetur omnis vita, ut ab Aristone,
» nec ullum sapientiæ munus aut opus inveniretur, quum in-
» ter res eas, quæ ad vitam degendam pertinerent, nihil omnino
» interesset neque ullum delectum adhiberi oporteret. Itaque
» quum esset satis constitutum, id solum esse bonum, quod
» esset honestum, et id malum solum, quod turpe, tum inter
» illa, quæ nihil valerent ad beate misereve vivendum, aliquid
» tamen quod differret esse voluerunt, ut essent eorum alia
» æstimabilia, alia contra, alia neutrum. Quæ autem æsti-
» manda essent, eorum in aliis satis esse causæ quamobrem
» quibusdam anteponerentur, ut in valetudine, ut in integri-
» tate sensuum, ut in doloris vacuitate, ut gloriæ, divitiarum,
» similium rerum, alia autem non esse ejusmodi, itemque
» eorum, quæ nulla æstimatione digna essent, partim satis
» habere causæ quamobrem rejicerentur, ut dolorem, morbum,
» sensuum amissionem, paupertatem, ignominiam, similia ho-
» rum, partim non item. Hinc est illud exortum, quod Zeno
προηγμένον, contraque quod ἀποπροηγμένον nominavit.

L'idée même des προηγμένα, en latin *producta*, est ensuite expliquée par une comparaison à l'aide de laquelle Cicéron établit que
la sagesse, ayant un caractère de perfection absolue, ne peut être
l'objet d'une préférence. C'est seulement aux choses indifférentes,
ἀδιάφορα, que des rangs peuvent être assignés, suivant qu'ils se
rapportent d'une manière plus ou moins directe à ce bien
absolu, la sagesse, qui seul mérite d'être appelé une fin, τέλος.

« Ut nemo dicit in regia regem ipsum quasi productum esse
» ad dignitatem (id enim est προηγμένον), sed eos, qui in aliquo
» honore sunt, quorum ordo proxime accedit, ut secundus sit,
» ad regium principatum : sic in vita non ea, quæ primario
» loco sunt, sed ea, quæ secundum locum obtinent, προηγμένα,
» id est producta, nominentur. Quæ vel ita appellemus (id erit
» verbum e verbo), vel promota et remota vel, ut dudum
» diximus, præposita, vel præcipua, et illa, rejecta. Re enim
» intellecta, in verborum usu faciles esse debemus. Quoniam
» autem omne, quod est bonum, primum locum tenere dici-
» mus, necesse est nec bonum esse nec malum hoc, quod
» præpositum vel præcipuum nominamus. Itaque id defini-
» mus, quod sit indifferens, cum æstimatione mediocri. Quod
» enim illi ἀδιάφορον dicunt, id mihi ita occurrit, ut indifferens
» dicerem. Neque enim illud fieri poterat ullo modo, ut nihil

» relinqueretur in mediis, quod aut secundum naturam esset
» aut contra, nec, quum id relinqueretur, nihil in his poni,
» quod satis æstimabile esset, nec hoc posito non aliqua esse
» præposita. Recte igitur hæc facta distinctio est, atque etiam
» ab iis, quo facilius res perspici possit, hoc simile ponitur.
» Ut enim, inquiunt, si hoc lingamus esse quasi finem et ulti-
» mum, ita jacere talum, ut rectus assistat, qui ita talus erit
» jactus, ut cadat rectus, præpositum quiddam habebit ad
» finem ; qui aliter, contra ; neque tamen illa præpositio tali ad
» eum, quem dixi, finem pertinebit : sic ea, quæ sunt præpo-
» sita, referuntur illa quidem ad finem, sed ad ejus vim na-
» turamque nihil pertinent.

   » Sequitur illa divisio, ut bonorum alia sint ad illud ulti-
» mum pertinentia (sic enim appello, quæ τελικά dicuntur :
» nam hoc ipsum instituamus, ut placuit, pluribus verbis di-
» cere, quod uno non poterimus, ut res intelligatur), alia au-
» tem efficientia, quæ Græci ποιητικά, alia utrumque. De per-
» tinentibus nihil est bonum, præter actiones honestas ; de
» efficientibus nihil, præter amicum ; sed et pertinentem et effi-
» cientem sapientiam volunt esse. Nam quia sapientia est conve-
» niens actio, est in illo pertinenti genere, quod dixi : quod autem
» honestas actiones affert et efficit, ideo efficiens dicipotest.

   » Hæc, quæ præposita dicimus, partim sunt per se ipsa præ-
» posita, partim quod aliquid efficiunt, partim utrumque. Per
» se, ut quidam habitus oris et vultus, ut status, ut motus, in
» quibus sunt et præponenda quædam et rejicienda ; alia ob
» eam rem præposita dicentur, quod ex se aliquid efficiant, ut
» pecunia ; alia autem ob utramque rem, ut integri sensus, ut
» bona valetudo. De bona autem fama (quam enim appellant
» εὐδοξίαν, aptius est hoc loco bonam famam appellare quam
» gloriam), Chrysippus quidem et Diogenes, detracta utilitate,
» ne digitum quidem ejus causa porrigendum esse dicebant :
» quibus ego vehementer assentior. Qui autem post eos fue-
» runt, quum Carneadem sustinere non possent, hanc, quam
» dixi, bonam famam ipsam propter se præpositam et sumen-
» dam esse dixerunt, esseque hominis ingenui et liberaliter
» educati velle bene audire a parentibus, a propinquis, a bonis
» etiam viris, idque propter rem ipsam, non propter usum ;
» dicuntque, ut liberis consultum velimus, etiam si postumi
» futuri sint, propter ipsos ; sic futuræ post mortem famæ ta-
» men esse propter rem, etiam detracto usu, consulendum.

   » Sed quum, quod honestum sit, id solum bonum esse dica-
» mus, consentaneum tamen est fungi officio, quum id offi-
» cium nec in bonis ponamus nec in malis. Est enim aliquid
» in his rebus probabile, et quidem ita, ut ejus ratio reddi
» possit. Ergo ut etiam probabiliter acti ratio reddi possit. Est
» autem officium, quod ita factum est, ut ejus facti probabilis

» ratio reddit possit. Ex quo intelligitur officium medium quid-
» dam esse, quod neque in bonis ponatur neque in contrariis.
» Quoniamque in iis rebus, quæ neque in virtutibus sunt
» neque in vitiis, est tamen quiddam, quod usui possit esse,
» tollendum id non est. Est autem ejus generis actio quoque
» quædam, et quidem talis, ut ratio postulet agere aliquid et
» facere eorum. Quod autem ratione actum sit, id officium
» appellamus. Est igitur officium ejus generis, quod nec in
» bonis ponatur nec in contrariis. »

Ces dernières lignes sur la nature du devoir méritent d'être
expliquées ; nous avons, en effet, l'habitude de considérer le
devoir comme une chose absolue, et, par suite, nous avons
peine à comprendre que les Stoïciens le relèguent parmi les
choses moyennes. Mais, dans le devoir, il faut distinguer deux
éléments : 1° l'intention bonne, par laquelle il se rapporte à
la sagesse et en partage le caractère absolu ; 2° une action par-
ticulière à laquelle on se résout, un parti que l'on prend
entre plusieurs autres partis également possibles ; c'est cette
action, c'est ce parti qui doit être considéré comme une chose
moyenne, toute relative, objet d'une simple préférence. Cicéron,
pour rendre sur ce point sa pensée plus claire, développe
l'exemple du suicide.

« Atqui perspicuum etiam illud est, in istis rebus mediis
» aliquid agere sapientem. Judicat igitur, quum agit, officium
» illud esse ; quod quoniam nunquam fallitur in judicando,
» erit in mediis rebus officium : quod efficitur etiam hac con-
» clusione rationis. Quoniam enim videmus esse quiddam, quod
» recte factum appellemus (id autem est perfectum officium),
» erit etiam inchoatum : ut, si juste depositum reddere
» in recte factis sit ; in officiis ponatur, depositum reddere :
» illo enim addito « juste » fit recte factum ; per se autem
» ipsum reddere in officio ponitur. Quoniamque non dubium
» est quin in his, quæ media dicimus, sit aliud sumendum,
» aliud rejiciendum, quidquid ita fit aut dicitur, communi
» officio continetur. Ex quo intelligitur, quoniam se ipsi
» omnes natura diligunt, tam insipientem quam sapientem
» sumpturum quæ secundum naturam sint rejecturumque
» contraria. Ita est quoddam commune officium sapientis et
» insipientis. Ex quo efficitur versari in his, quæ media dica-
» mus. Sed quum ab his omnia proficiscantur officia, non sine
» causa dicitur, ad ea referri omnes nostras cogitationes, in
» his et excessum e vita et in vita mansionem. In quo enim
» plura sunt, quæ secundum naturam sunt, hujus officium
» est in vita manere ; in quo autem aut sunt plura contraria
» aut fore videntur, hujus officium est e vita excedere. E quo
» apparet et sapientis esse aliquando officium excedere e vita,
» quum beatus sit, et stulti manere in vita, quum sit miser.

» Nam bonum illud et malum, quod sæpe jam dictum est,
» postea consequitur. Prima autem illa naturæ, sj.ə secunda
» sive contraria, sub judicium sapientis et delectum cadunt,
» estque illa subjecta quasi materies sapientiæ. Itaque et ma-
» nendi in vita et migrandi ratio omnibus iis rebus, quas su-
» pra dixi, metienda. Nam neque iis, qui virtute retinentur in
» vita, neque iis, qui sine virtute sunt, mors est oppetenda.
» Et sæpe officium est sapientis desciscere a vita, quum sit
» beatissimus, si id opportune facere possit, quod est conve-
» nienter naturæ vivere. Sic enim censent, opportunitatis esse
» beate vivere. Itaque a sapientia præcipitur se ipsam, si usus
» sit, sapiens ut relinquat. Quamobrem quum vitiorum ista vis
» non sit, ut causam afferant mortis voluntariæ, perspicuum
» est etiam stultorum, qui iidem miseri sint, officium esse
» manere in vita, si sint in majore parte earum rerum, quas
» secundum naturam esse dicimus. Et quoniam excedens e vita
» et manens æque miser est, nec diuturnitas magis ei vitam
» fugiendam facit, non sine causa dicitur iis, qui pluribus na-
» turalibus frui possint, esse in vita manendum.

Le IVᵉ livre contient une critique de ce système. Nous nous
contenterons d'en citer un passage essentiel où Cicéron, après
avoir réfuté la thèse de l'indivisibilité de la sagesse et de l'égalité des vices, montre combien il est absurde de déclarer indifférentes des choses parmi lesquelles on se réserve ensuite d'é-
tablir des degrés, et conclut que si les Stoïciens parlent comme
Ariston, dont ils diffèrent par la pensée, ils pensent comme
Aristote, dont ils s'éloignent seulement par la parole.

« Quæ est igitur causa istarum angustiarum ? gloriosa osten-
» tatio in constituendo summo bono. Quum enim, quod ho-
» nestum sit, id solum bonum esse confirmatur, tollitur cura
» valetudinis, diligentia rei familiaris, administratio reipublicæ,
» ordo gerendorum negotiorum, officia vitæ : ipsum denique
» illud honestum, in quo uno vultis esse omnia, deserendum
» est. Quæ diligentissime contra Aristonem dicuntur a Chry-
» sippo. Ex ea difficultate illæ « fallaciloquæ », ut ait Accius, « ma-
» litiæ » natæ sunt. Quod enim sapientia, ubi pedem poneret,
» non habebat, subl. 'is officiis omnibus, officia autem tolleban-
» tur, delectu omni et discrimine remoto, quæ esse non po-
» terant, rebus omnibus sic exæquatis, ut inter eas nihil inte-
» resset, ex his angustiis ista evaserunt deteriora quam
» Aristonis. Illa tamen simplicia ; vestra versuta. Roges enim
» Aristonem bonane ei videantur hæc, vacuitas doloris, divi-
» tiæ, valetudo. Neget. Quid? quæ contraria sunt his, malane?
» Nihilo magis. Zenonem roges. Respondeat totidem verbis. Ad-
» mirantes quæramus ab utroque, quonam modo vitam agere
» possimus, si nihil interesse nostra putemus, valeamus
» ægrine simus, vacemus an cruciemur dolore, frigus, famem

» propulsare possimus necne possimus. Vives, inquit Aristo,
» magnifice atque præclare; quod erit cumque visum ages,
» nunquam augere; nunquam cupies; nunquam timebis. Quid
» Zeno? Portenta hæc esse dicit; nec ea ratione ullo modo posse
» vivi; sed differre inter honestum et turpe nimium quantum,
» nescio quid immensum; inter cæteras res nihil omnino inte-
» resse. Idem adhuc (audi reliqua, et risum contine, si potes):
» Media illa, inquit, inter quæ nihil interest, tamen ejusmodi
» sunt, ut eorum alia eligenda sint, alia rejicienda, alia omnino
» negligenda, hoc est ut eorum alia velis, alia nolis, alia non
» cures. — At modo dixeras, nihil in his rebus esse, quod inte-
» resset. — Et nunc idem dico, inquiet, sed ad virtutes et ad
» vitia nihil interesse.— Quis istuc, quæso, nesciebat?

» Verum audiamus. — Itas, inquit, quæ dixisti, valere, locu-
» pletem esse, non dolere, bona non dico, sed dicam græce
» προηγμένα, latine autem producta, sed præposita aut præci-
» pua malo : sic tolerabilius et mollius, illa autem, egesta-
» tem, morbum, dolorem, non appello mala, sed, si lubet, re-
» jectanea. Itaque illa non dico me expetere, sed legere, nec
» optare, sed sumere, contraria autem non fugere, sed quasi
» secernere. Quid ait Aristoteles reliquique Platonis alumni? Se
» omnia, quæ secundum naturam sint, bona appellare, quæ
» autem contra, mala. Videsne igitur Zenonem tuum cum
» Aristone verbis consistere, re dissidere; cum Aristotele et
» illis re consentire, verbis discrepare? Cur igitur, quum de re
» conveniat, non malumus usitate loqui? Aut doceat para-
» tiorem me ad contemnendam pecuniam fore, si illam in rebus
» præpositis quam si in bonis duxero, fortioremque in pa-
» tiendo dolore, si eum asperum et difficilem perpessu, et con-
» tra naturam esse, quam si malum dixero. Facete M. Piso, fa-
» miliaris noster, et alia multa et hoc loco Stoicos irridebat.
» Quid enim aiebat? bonum negas esse divitias, præpositum
» esse dicis : quid adjuvas? avaritiamne minuis? Quod si ver-
» bum sequimur, primum longius verbum, præpositum quam
» bonum.—Nihil ad rem! — Ne sit sane : at certe gravius. Nam
» bonum ex quo appellatum sit nescio, præpositum ex eo credo,
» quod præponatur aliis. Id mihi magnum videtur. Itaque di-
» cebat plus tribui divitiis a Zenone, qui eas in præpositis pone-
» ret, quam ab Aristotele, qui bonum esse divitias fateretur,
» sed nec magnum bonum, et præ rectis honestisque contem-
» nendum ac despiciendum, nec magnopere expetendum. Omni-
» noque de omnibus istis verbis a Zenone mutatis ita disputabat,
» et quæ bona negarentur esse ab eo et quæ mala, illa lætioribus
» nominibus ab eo appellari quam a nobis, hæc tristioribus. »

SAINT-CLOUD. — IMPRIMERIE Vᵉ EUG. BELIN ET FILS.